La chimenea encantada
Francisco Covarrubias

La chimenea encantada
Francisco Covarrubias

Rosa Ileana Boudet

Para mi hija Broselianda,
la actriz de la familia.

Rosa Ileana Boudet ©, 2017
Ediciones de la Flecha,
Santa Mónica, California
Library of Congress Control Number: 2018901975
ISBN 978-0-9884486-7-4
http://www.edicionesdelaflecha.com

Agradecimientos:

A los autores que han estudiado a Covarrubias.

A Carlos Padrón, por su minuciosa lectura y observaciones críticas.

Si se trata de atraer las gentes, de hacer numeroso el concurso y de que los cómicos tengan qué comer, el único arbitrio es entregarle el teatro a Covarrubias.

Buenaventura Pascual Ferrer

Su biografía es la historia de nuestros teatros.

Francisco Calcagno

"... nos legaba su nombre y la frase que siempre lo acompañará como el mayor elogio de su trabajo: "fundador del teatro cubano".

Rine Leal

El actor inclina la cabeza. El telón cae. 1850. Aplausos a las raíces del teatro nacional. El fin y el comienzo.

Matías Montes Huidobro

Francisco Covarrubias (1775-1850), primer actor y gracioso, presencia permanente en los escenarios habaneros desde 1800 con los Cómicos del País, aclamado y único, es una de las figuras más rotundas, intrigantes y elusivas. Fundador del teatro cubano, sus obras son desconocidas. Celebrado por las décimas con las que convoca al público a sus espectáculos, nunca las reunió. ¿Qué dicen estos datos sobre la racionalidad o sanidad de un teatro? ¿Cómo iluminan u oscurecen la creación que le sucede?

Las páginas que siguen no son una biografía. Son un apunte acerca de su vida y trayectoria legendarias cuya influencia se sedimentó con el paso del tiempo. Abrió el camino para entender la escena como acto y no solo como literatura, *gestus* y no declamación, conjunto y no soliloquio, chiste, música y baile y no recitativo, relación y gratitud hacia el público y no narcisismo. ¿Existirían sin él Creto Gangá, la comedia cubana, el bufo y la parodia del siglo XX? Más que un destino individual, Covarrubias es una voluntad, la de permanecer haciendo no importa cuales fueran las dificultades que en más de cincuenta años encontró a su paso. Citadino y habanero, escribió del campo y se comparó en muchas ocasiones con un navegante en alta mar hasta que se fue a pique con su buque y su máscara de gracioso.

Cuando Juan Císcara y Ramírez traza el plano de cierta zona de La Habana (1691), el rojo, el verde y el amarillo empleados por el cartógrafo, le imprimen el carácter pintoresco que conservará la ciudad después por la costumbre de sus pobladores de pintar los muros de sus residencias de atrevidos colores. La Fuerza Vieja, la Iglesia Mayor, la cárcel real y las casas aledañas son animados e imaginativos pigmentos. Antes, el mismo ingeniero, desde una perspectiva aérea (1689), dibujó viviendas tambaleantes, mal trazadas, que en riguroso desorden rodean las proximidades de la plaza y su proyectado ensanche, mientras delante del muelle, una batería de cañones como de juguetería, es un primitivo parapeto para defender a los que según el censo de 1774 son tres mil habitantes entre vecinos, residentes y cuatrocientos soldados.[1] En 1774 la isla tiene 96, 430 blancos y 75, 180 pardos, 44, 633 de ellos, esclavos y aunque se conocen sus actividades lucrativas, su vida espiritual está sumida en la oscuridad. Todavía no se localiza un teatro en sus cartografías.

El teatro emerge no como edificio sino como espacio «acotado», vivido entre los actantes y el público en las fiestas del Corpus Christi, denominadas de carros por la utilización de esos artefactos. Según el acuerdo del Cabildo de La Habana del 25 de mayo de 1576, sastres, carpinteros, zapateros, herreros y calafates siguen las instrucciones de Pedro de Castilla para "sacar las invenciones" a los que se unen los negros horros. Castilla, mencionado como el que "les dará la orden de cómo lo han de hacer o repartir" es el primer coreógrafo, director escénico y probable dramaturgo de nuestro devenir teatral.[2] Más adelante

---

[1] Plano del sector de la ciudad correspondiente a la Fuerza Vieja... Archivo PARES, Madrid. M P-Santo Domingo, 96 y Plano con perspectiva aérea de la plaza del Cuerpo de Guardia... Archivo PARES. M P Santo Domingo, 90.
[2] Aguirre, Yolanda. *Apuntes sobre el teatro colonial*. La Habana: Universidad de La Habana, [1967].pp. 88-89.

un vecino se ofrece "para sacar algunas invenciones de regocijo y placer" y solicita el pago de treinta ducados; Juan Pérez de Vargas en 1577 se propone para recitar, pero ojo, antes debe ser aprobado por el obispo y el licenciado. En 1588 se abona a unos "farzantes" y en 1599 a José Moxica, autor de una invención, mientras Juan Bautista Siliseo está ocupado en dos comedias que escribe durante las fiestas de ese año. En 1608 el cabildo gasta 4 258 reales en unos *gigantes* que quedaron para otras fiestas. Descontada la crónica apócrifa de Hernando de la Parra, publicada en *Protocolo de antigüedades,* el siglo XVI se presenta no profuso en manifestaciones, pero sí en enigmas. ¿Qué recitó el vecino Pérez de Vargas y cuáles comedias ocuparon a Siliseo? ¿Cuál es la contribución de los negros horros al servicio de Castilla como organizador de las invenciones? ¿Son los esclavos solo constructores de la barraca y los carros o ejecutantes de música y tambores, como en Santiago de Cuba en 1841 de "bailes torpes y deshonestos?" ¿Acaso la Tarasca es gigante o los zancos elevan la estatura de los actantes?

Por su posición geográfica, San Cristóbal de La Habana es un enclave importante para el comercio y la navegación. En 1592 Felipe II le otorga el título de ciudad. Aunque tiene una inmensa población flotante y sus habitantes ejercen un gran número de oficios relacionados con el intercambio, es un punto de arribo y partida de las flotas, un alto en el camino donde se está de paso y la vida del espíritu de sus pobladores apenas existe en los documentos oficiales. Así la agresiva y alegre plaza de Císcara es ocre y aburrida cuando Dominic Serres, quizás en un descanso de la batalla naval, pinta *La piazza de la Habana en 1762.* Mientras los soldados «casacas rojas» cruzan el cuadro en estricta disciplina, frente a la catedral y en la plaza, desentendidos de la guerra, la toma de La Habana y la heroica defensa de la ciudad, dos hombres juegan a las espadas. No existe el teatro como recinto, pero los que juegan al lado de la fuente, sin reparar en la tragedia a su alrededor, en *homo ludens* revisitado, se parecen a José el de las suertes, el artista ambulante descrito por Ramón Meza. Lo que distingue a un biógrafo de otro es la mirada, alegre la de Císcara y Ramírez, seca y ocre la de Serres, mientras que Vicente Urrabieta retrata un puerto luminoso atascado de embarcaciones. Es la imagen física de la ciudad que vio nacer a Francisco Covarrubias, fundador del teatro cubano. Con casas bajas, casi todas de un alto y algunas de dos, descrita por Buenaventura Pascual Ferrer en sus cartas a la reina, de arquitectura sencilla y pintadas por afuera, espaciosas, claras, aseadas y de cal y canto. Pero no se sabe en cuál de ellas vivió Covarrubias.

Si existe en el archivo de Indias de 1716 un documento sobre los méritos de Francisco Cardoso, domiciliario del obispado de Cuba y teniente de cura de la catedral de San Cristóbal de La Habana, con su trayectoria más clerical que musical, como capellán del coro de la Catedral al que entró con diez años, [3] no hay al parecer en ese Archivo legajo alguno sobre quien fuera el jocoso, el caricato más longevo y reconocido de la escena de la isla. Intentar historiarlo tropieza con la inexplicable ausencia de datos o las contradicciones entre los existentes. ¿Qué registros se conservan sobre su vida?

La bibliografía de Carlos M. Trelles consigna una biografía de 1841 *del primer actor gracioso del teatro de La Habana*, editada por la Imprenta del Gobierno y Capitanía General, seis páginas en octavo; una nota biográfica de la Imprenta del Tiempo de 1850, de ocho, y otra de 1851, de veintidós, publicada por la Imprenta del Faro. En esta última, escrita por su amigo, el comediógrafo José Agustín Millán, la palabra gracioso se suplanta por *primer actor de carácter jocoso*. No es el ejemplar físico en la colección cubana de la Biblioteca Nacional José Martí con el mismo título, publicada a la muerte del caricato y puesta a la venta a una peseta

---

[3] Archivo Pares. ES. 41091. AGI/36/Ultramar, 128, N. 40.

el 27 de junio de 1850 para recaudar y comprar un nicho, una lápida y socorrer a la viuda del actor. En *La Gaceta de La Habana* se habla de unos "lacónicos apuntes" vendidos en Aguiar 45, local de la Imprenta de Tiempo, con el objeto de cumplir sus últimos honores religiosos. En total lo escrito no sobrepasa las treinta y seis cuartillas. [4]

Si lo contrastamos con las decenas de anécdotas y noticias sobre otros personajes de la vida teatral –el empresario catalán Francisco Marty y Torrens o la temporada de la bailarina Fanny Elssler– nuestro actor, como dice su biógrafo, es mimado, de carrera prolongada y exitosa pero desconocido y elusivo. Según Rine Leal todas han sido escritas por la misma persona, el dramaturgo Millán.[5] Testimonian el descomunal interés por registrar su vida cuando los cómicos son generalmente preteridos. La de 1841 –una hoja suelta– a la venta con la lámina ¿su retrato litografiado por José Baturone? debió ser pobre de contenido, para vender el retrato, mientras la fechada en 1851, más completa, se resiente por la actitud de "no querer descorrer el velo doméstico" bien porque Millán es muy cercano a Covarrubias y carece de distancia para juzgar sus logros o es cauteloso en contarlos si pisa su mismo terreno como autor de obras costumbristas.

Bachiller y Morales cita las iniciales D. A. F., firma de un escrito del 30 de mayo de 1841 del *Diario de La Habana*, en el que el folletinista, con mucha razón, reclama "más especificación y minuciosidad en esta nota curiosa é interesante [que] debe considerarse un capítulo de la historia de la Habana". Solicita "la lista por lo menos de las piezas que ha compuesto

---

[4] Millán, José Agustín. *Biografía de don Francisco Covarrubias. Primer actor de carácter jocoso de los teatros de La Habana.* 1851. Reproducida en *Cuba en la UNESCO.* "Panorama del teatro cubano" (1965). v. 6. 5-22. Nota biográfica de Francisco Covarrubias, primer actor de carácter jocoso del Teatro de la Habana. Habana: Impr. del Tiempo, 1850. 8 p.

[5] Leal, Rine. "Un hombre que rara vez reía". *La selva oscura.* T. 1. La Habana: Editorial Arte y Literatura, 1975. p. 157.

y se han representado desde el año de 10 hasta el presente, alusivas a las circunstancias de la época o a nuestras costumbres más notables; y las décimas con que anualmente ha atraído a sus beneficios numerosa concurrencia." D. A. F. dice conservar algunas y quiere tener las otras porque "el autor no las posee".[6]

Como por esas fechas el apuntador o consueta se ocupa del "caudal de comedias" de la compañía y los llamados "apuntes" (cuadernillos con el texto y las didascalias), si el autor no guarda copia es porque son improvisadas –a partir de un *zibaldone* como en la comedia del arte– o porque los pocos ejemplares hechos por algún copista se reparten entre los actores, o quizás, ni siquiera el dramaturgo le otorgó importancia más allá de las dos o tres representaciones que a lo sumo alcanzan. ¿Quién es D. A. F.? Se ha desmentido que es Bachiller y Morales, como asegura Calcagno, y salvo González del Valle que apunta un nombre, las iniciales no se han descifrado como tantos otros misterios en la vida del caricato. El folletinista es un atento seguidor de la actualidad, enterado de Isabel Ober, Adelina Pedrotti, la Sra. Feron, la *cachicamba* y los pelones o *mécontent*. Y aunque carece de sentido aclararlo a tantos años de distancia, podría ser don Antonio Ferrer del Río, colaborador de la *Revista de Teatros* de Madrid con las mismas iniciales, quien reside entonces en La Habana. Ese año, un artículo suyo sobre el Tacón repara en los actores. Escribe:

> por apreciables que sean particularmente los actores que en el día sostienen aquel hermoso teatro, están harto lejos de formar un todo cabal, carecen de escuela, si alguno la tiene, es de mal gusto: los hay engolfados en el método antiguo de declamación, que, aunque dotados de buenas disposiciones, jamás sacarán de ellas el debido

---

[6] Bachiller y Morales, Antonio. *Apuntes para la historia de las letras y de la instrucción pública en la isla de Cuba*. Tomo III. Habana: Imprenta del Tiempo, 1861. pp. 53-55.

provecho: las ven malogradas porque no hallan fuente en que beber sus inspiraciones.

Después de señalar como excepciones a Mariquita Cañete, [Juan de] Mata y a [Ramón] Barrera, joven de mérito y sumamente aplicado, y referirse a [Diego María] Garay, como muy joven todavía, escribe:

> No hay porque desdeñar a los dos actores de carácter jocoso: el señor Covarrubias cargado de años, decano de la compañía y natural de La Habana, además de marcar ciertos papeles con extrema propiedad, tiene la indisputable gloria de haber sido el primero que despertó en su país la afición al teatro hace cuarenta años. [7]

Intriga sobre todo que describa su interpretación como una marca, "señal o huella que no se borra con facilidad" apunta el diccionario: el actor que deja un trazo propio en los personajes que interpreta. Aunque D. A. F. escribe sobre dos cómicos, olvida al otro. ¿Qué impide que las obras de Covarrubias se reúnan y editen, por qué nunca se juntan sus décimas? Ni siquiera se hurga demasiado en la famosa lista de sus obras, lo único que queda del Covarrubias dramaturgo. Enrique Larrondo y Maza (1928) convierte en biografía un programa radial. [8] Lo reitera fundador, título que reclamó para sí en una de sus décimas pero los historiadores no reivindicaron. Casi nadie, salvo Millán y Bachiller y Morales, leyó sus obras o fue su espectador y ni las obras dramáticas ni las décimas con las que convoca al público se rescatan. Como Tespis fue simplemente actor. Jocoso, caricato, figurón, múltiples caracterizaciones

---

[7] Ferrer, A. "Tacón". *Revista de Teatros*. Vol. 1, tomo I, entrega 1 del 31 de diciembre de 1841. pp. 8-9.
[8] Larrondo y Maza, Enrique. *Francisco Covarrubias: fundador del teatro cubano*. La Habana: Cultural S.A., 1928.

tiene su quehacer pero aunque realiza muchos otros oficios en la escena – entre ellos autor– sus obras no existen y lo único que sobrevive de su andadura es el leve recuerdo de sus actuaciones, jamás inventariadas en su totalidad. Pero ha sido suficiente para declararlo el cimiento de un teatro aunque desaparecieron sus huellas y se olvidaron sus rastros. ¿O los dejó pero son casi invisibles? Bastaron sus muchos años de permanencia y comunicación con públicos diferentes para que Covarrubias logre su lugar, pero a raíz de su muerte ni sus allegados se atreven a proclamarlo y un poco después, con una mezcla de piedad y lástima, se busca un sitio dónde celebrar un beneficio para hallar que el único disponible es el más humilde de la ciudad. Si nos detenemos en su retrato, ¿litografía de 1841?, reproducida por Larrondo y Maza, es imposible adivinar detrás del rostro cansado de ojeras profundas, al actor grácil, ocurrente y desenfadado que nos ha legado la posteridad.

Covarrubias personifica la esencia de un teatro que en sus mejores épocas –de los bufos a *Electra Garrigó*, de *El príncipe jardinero* a *El conde Alarcos*– apuesta por el espectáculo y no solo por la literatura, por la acción, el trazado del gesto y no por la riqueza de las palabras. Es sobre todo presencia. Juego. El actor de cuerpo entero, dueño y señor, amo y servidor. Su relación con los espectadores es un valor añadido y por ello más que un caricato, cómico de renombre o gracioso absoluto, es un testigo del devenir de la vida cubana entre 1793 y 1850.

En la tradición española, según Agustín de Rojas, el bululú "es un representante solo, que camina a pie y pasa su camino, y entra en el pueblo, habla al cura y dícele que sabe una comedia y alguna loa: que junte al barbero y sacristán y se la dirá porque le den alguna cosa para pasar adelante" y en la africana, es el *griot*, el cuentero, también bailarín y músico. Ninguna de las dos parece hecha exactamente a su medida aunque se nutre de ambas para su "entretenido" viaje. ⁹ Al juntarse con otros e integrar compañías, se forma con ellos, sin escuela, y estudia el oficio en el quehacer diario. También los mamarrachos de las fiestas de Santa Ana, en Santiago de Cuba, los "relacioneros", reinterpretan o destrozan las comedias del Siglo de Oro y aprenden en la marcha. Lo mismo le ocurrió aunque desconozcamos sus "versiones". En muchas ocasiones actuó solo como Baco o Canuto o dialogó en solitario con sus décimas. Casi no sabemos nada de él, su biografía carece de las fechas de sus estrenos, reconstruidas por los avisos de la prensa. Tampoco ilumina su vida familiar, su relación con el entorno o sus ideas sobre la sociedad. Cualquiera pensaría que un actor, bailarina u operática aparecería en los primeros anuncios ilustrados, pero en *El Noticioso Mercantil* de mediados de los veinte del siglo XIX, los retratados son los esclavos prófugos, las fragatas y las funciones de maroma en la plaza de toros con los volatines del famoso Piculín, el Inglesito, el Barcelonés y el Pitidiablo.

El anuncio de teatro aparece de manera esporádica y la mayoría de las veces no menciona a todos los intérpretes, sobre todo, si es un principiante. Tampoco se ha buscado demasiado, si tan lejos como 1913, cuando pudieron salvarse algunos de sus papeles, el profesor Salvador Salazar y Roig, una autoridad en la materia, diserta en la Universidad de La Habana, con cierta ligereza, sobre los ensayos incipientes "de un *jongleur* vulgar, al estilo de Moliere y Lope de Rueda, llamado Covarrubias que representaba, con singular éxito y aplauso, obra de su propia invención". ¹⁰

---

[9] Rojas Villandrando, Agustín de. *El viaje entretenido*. En Cervantes virtual.
[10] Roig, Salvador. *El clasicismo en Cuba*. La Habana: Imprenta Cuba y América, 1913. p. 28.

Francisco nace en La Habana el 5 de octubre de 1775, aunque algunos como Calcagno, aseguran que fue un año antes, sin pruebas documentales, porque nadie ha encontrado el nombre de Panchito estampado en los libros de nacimiento de las parroquias.[11] Lo más cercano en el tiempo es una carta náutica, un plano de la ciudad amurallada en el que hallaríamos, entre el laberinto de signos, la calle y el número de la casa en la que nació el fundador de un teatro creado con los gestos y la caricatura. La figura tutelar de la escena de la isla, a pesar de que se desconocen las obras que escribió y ha dejado apenas un bosquejo de su legado. De familia decente y acomodada, padres "honrados y virtuosos", reza su biografía,[12] se le atribuye una posición económica decorosa que le permite estudiar latín y filosofía. Gramática latina en el convento de San Isidro bajo la dirección de Fray José Sidrón y concluida esta, filosofía en la Real y Pontificia Universidad de San Gerónimo con el acreditado Lector Fray Ambrosio Pérez, y según Rosaín, aventajado alumno de texto aristotélico enseñado por el Dr. [Tomás] Romay.

Estudiante, participa de la primera clase de anatomía descriptiva impartida por el cirujano Francisco de Córdoba. Por su aplicación se le permite ejecutar disecciones anatómicas con su compañero Tomás Montes de Oca. Se ha dicho que debuta en el hospital de San Ambrosio al describir en una clase "los músculos en verso". Pero abandona la medicina. José Agustín Millán escribe que en lugar de "domeñar las dolencias del cuerpo humano", se hace "dueño de las pasiones, señor de las voluntades y objeto de los aplausos". Ejerce como médico cirujano en un central cercano a la capital donde conoce de cerca el mundo de

---

[11] Calcagno, Francisco. *Diccionario biográfico cubano (Comprende hasta 1878)*. Nueva York: Librería de N. Ponce de León, 1878. pp. 213-215.
[12] En este libro, las dos consultadas, la de la Imprenta del Tiempo 1850 y la del Faro, del mismo año, reproducida en *Cuba en la UNESCO*.

monteros, peones y carretas reflejado en sus obras. Rosaín lo compara con otros grandes de la escena que dejan la medicina por el teatro.[13]

Dicen que cuando eligió ser cómico, su familia se encerró de luto riguroso ya que era una profesión de dudosa moralidad. Por azarosa coincidencia, el año de su nacimiento se erige en la Alameda de Paula el primer teatro de La Habana, el Coliseo, situado en la calle Oficios y el mar. Empeño del gobernador Felipe Fonsdeviela, marqués de la Torre para fomentar las "diversiones públicas", este añora un edificio en el que se aplaudan y admiren "las producciones de Lope de Vega, Calderón y Moreto que le eran muy familiares" ya que la casa particular donde provisionalmente se representaban era incómoda para el "numeroso concurso de espectadores".[14] A partir de 1773 las representaciones se realizan en las casas de los notables, porque según Pascual Ferrer, antes de esa fecha sólo se conocían las "despreciables" de algunos negros y mulatos por afición, bailes, mascaradas, mojigangas y *griots,* expresiones en lengua de los sentimientos y emociones de los esclavos.[15]

Al fin la casa de comedias se instala en el callejón de Jústiz, situado entre la bahía y la calle Oficios. Las representaciones transcurren en los salones o patios de las casonas como denota el cubanismo *luneta*, según Fernando Ortiz, el asiento de platea de un teatro, antigua voz castellana que nombra el colocado alrededor del patio, frente al escenario, en forma

---

[13] Rosaín, Domingo. *Necrópolis de La Habana. Historia de los cementerios.* La Habana: Imprenta el Trabajo, 1875. "D. Francisco Cobarrubias" [sic]. pp. 313-315.
[14] Guiteras Font, Pedro José. *Primeros historiadores. Siglo XIX.* La Habana: Biblioteca de Clásicos Cubanos, 2005. p. 7.
[15] "Viaje a la isla de Cuba. Cartas a D. Buenaventura Pascual Ferrer en 1798 publicadas en El Viajero Universal". *Revista de Cuba.* V. 1 (1877) pp. 97-108, 200-206, 311-325, 393- 399. p. 316.

de media luna.[16] El arraigo de la palabra remite a que con toda probabilidad las funciones en las casas particulares son más extendidas de lo que se piensa. Pero el Marqués está empeñado en erigirlo en la Alameda por "los vientos que le daban frescura", la debida «separación» entre las clases en su interior y la necesidad de que fuese suficientemente desahogado. Nace un edificio similar a otros en América, techado, con embocadura y telón, enclavado entre la confluencia de las calles calles Acosta, Oficios, Luz y el mar. El grabado *Litoral de La Habana, vista del teatro Principal*, de 1823, muestra su posición dominante a la entrada de la bahía. [17] La ciudad, escribe el historiador Antonio José Valdés, carecía de paseos públicos, coliseo, empedrado, casas decentes de gobierno, no tenía cárcel, seguridad ni aseo, tampoco puentes ni calzadas y "todo se lo proporcionó el marqués de la Torre". Su bando de buen gobierno, firmado el 4 de abril de 1772, acredita su afán de procurar esos servicios. "Esta obra es necesaria; porque conviniendo que en una ciudad tan populosa como La Habana haya diversiones públicas, a ejemplo de la practica introducida en todas las poblaciones bien arregladas y siendo la de las comedias acomodada al genio de estos habitantes..."[18] La habilidad política del Marqués consistió en unir el interés del Obispo por crear una casa de recogidas para mujeres necesitadas y el clamor por un teatro. El Coliseo nace ligado a esa obra piadosa: sus rentas costearían los gastos de la casa. Los primeros historiadores la sitúan entre las obras públicas más significativas debidas a su iniciativa. Mientras lo alaban por el empeño, pocos se preguntan por las obras a ser representadas y menos por los

---

[16] Ortiz, Fernando. *Un catauro de cubanismos. Apuntes lexicográficos.* Habana, 1923. p. 21.
[17] Reproducido por Juan Pérez de la Riva en las *Cartas habaneras* de Francis Robert Jameson.
[18] Valdés, Antonio José. *Historia de Cuba y en especial de La Habana en dos volúmenes.* Habana: Oficina de la Cena, 1813. pp. 177-180.

cómicos que serán sus intérpretes. Para edificarlo, se compra, por doscientos pesos, un solar colindante con el de Cipriano de la Luz en el lugar conocido como San Pedro de Molinillo (por el molino de tabaco de la esquina de la calle Luz), cuyo dueño, el portugués Antonio de la Luz y Do Caño, se ha hecho del molino y se acredita como constructor del muelle del mismo nombre. [19] Comienza la edificación. En cuatro meses se levanta un escenario provisional, motivo por el cual se integra una compañía mucho antes de terminada la obra.

Nace la compañía de actores del empresario Juan Agustí, asociado con Gaspar Vidal, la primera de la que se tiene noticia. Posee un autor, un primer galán, dos segundos y dos terceros, un gracioso, un barba, un vejete, un sobresaliente, dos criados, dos apuntadores, una primera dama, una graciosa, dos segundas, dos terceras y el «derrotero». Veintiún integrantes. Entre estos, Antonio Lansel, con un salario de 49 pesos, Francisco Aguallo y Manrique, Cristóbal de Mesa, Pedro de Villa, Ramón Medell, Antonio Pizarro, Bartolomé Bernabeu, Cristóbal Rosado, José Morote, Tomás Pallarés, Jerónimo de Lara y Domingo Álvarez. Sus actrices, la gaditana Antonia San Martín, esposa de Pizarro, Victoria Meléndez y Josefa González. [20] También un maestro de música, encargado de adiestrar a los cómicos, ya que "contribuye mucho a tener gustoso al público y llamar gente al Coliseo."[21] San Martín, Pizarro y de Mesa la abandonan pronto y parten hacia la Nueva España en busca de mejores condiciones económicas. Pero ya en 1776 estalla un contencioso, pues se acusa a Agustí de "comercio carnal" con una cómica mientras

---

[19] Sánchez Roig, Mario. "Los albores del teatro cubano" *Revista del Instituto Nacional de Cultura*. V. 1. no. 2, 1956.
[20] Hernández González, Manuel. *El primer teatro de La Habana. El Coliseo (1775-1793)*. Tenerife: Ediciones Idea, 2009. Hernández. pp. 81-82, 126.
[21] Gembero Ustárroz, María. "Aportaciones a la historia musical de Cuba, Santo Domingo y Puerto Rico a partir de fuentes españolas (siglos XVI-XIX). Boletín de Música de la Casa de las Américas.

estaba casado. El empresario niega los cargos y obtiene una fianza de su socio, pero el Marqués de la Torre le recuerda su mala conducta y dicta su expulsión. Sin entrar en detalles sobre el particular, al negarse a "verificar" sus cuentas, se procede a inventariar *tumbalinas*, columnas, piezas y otros trastos de la escenografía, testimonio material único de cómo se representaron las obras. En 1777, arrestado, sin abogado y con sus bienes embargados, se le juzga por baja moral y "relajación de las costumbres" ya que ofende a los respetables. "El público se quejaba de su proceder engañoso" y un rumor impugnaba que la amasia se presentase en el teatro "con un testigo en el vientre de su flaqueza con el empresario". Es el primer escándalo teatral y no el intento de asesinato de la cantatriz Mariana Galino.

Gracias a la causa que dura diecisiete años y los documentos relacionados, se conocen las interioridades de la compañía, el reglamento, el comportamiento de los actores, sus ingresos y una relación de obras. Hernández complementa los hallazgos de Rine Leal ya que nunca se ha publicado el texto premiado de José María de Ximeno sobre la compañía de cómicos. También se infiere el gusto del público, ya que, si en ocasiones "hubo que ampliar bancos y lunetas para dar cabida al público", en otras –según el testimonio del actor Ramón Medell– se sabe que hubo noche que no dio el teatro para pagar la comedia o gastos de ella ya que la gente en esta ciudad es "propensa de novedad como a dejarlo". Esa volubilidad o reacción insólita de aprobación o rechazo es la esperada en una población sin contacto anterior con el teatro, ejecutado de manera esporádica en las casas de los patricios.

El 12 de octubre de 1776 el Coliseo abre las puertas al público (*Dido abandonada*, libreto de Pietro Metastasio) pero como desde el 11 de enero de 1775 hay un Reglamento de cómicos, se piensa ocurre el 20 de febrero de 1775, por el cumpleaños del rey, "como consta en el libro de construcción de la obra". Valorado en setenta y cinco mil cuatrocientos pesos fuertes, es "de una arquitectura majestuosa, y aunque lo interior era de madera, estaba bien pintado y con buenas decoraciones: los actores eran muy regulares. A los principios fue muy concurrido, pero decayó a los pocos años, de tal suerte, que con motivo de amenazar ruina, se echó abajo el año de 1792 habiéndolo desamparado cinco años antes" escribe el imprescindible Pascual Ferrer. El francés Tierry de Menonville, de paso durante una estancia de un mes en La Habana, relata en su libro de 1777 (*Tratado del cultivo del nopal y de la crianza de la cochinilla precedido de un viaje a Guaxaca*) que tiene "un aire de elegancia que le es particular, ya que las logias están separadas por balaustradas muy delicadas. Se ve y oye muy bien en todas partes y tiene la ventaja que puede uno sentarse en la luneta." Las refinadas rejas como de encaje caracterizan el criollo *grillé*. Luis Huet, ingeniero en fortificaciones con quien conversa allí, muestra a Menonville una tela muy rudimentaria, pintada para la *sala* de ópera de *Didone abandonata*, que vio ese año, y le confiesa detalles de cómo eran las representaciones, entre ellos, que una mulata interpreta a la confidente de Didone. [22]

De niño Covarrubias debió pasear por la Alameda –lugar favorito de los habaneros por sus frescas brisas– y adolescente pudo asistir a las representaciones del Teatro Mecánico, sobre todo, si su familia se codeaba con los Calvo, los Peñalver, O'Farrill o Montalvo, que se sentaron arriba, después de pagar a peso el boleto, mientras los de abajo, cuatro reales, en la casa de Blas Vázquez, en la esquina opuesta al monasterio de Santa Clara, de cara a la calle Belén. Una atracción en la ciudad. "La Habana se aburría aquella Cuaresma" de 1794, de no ser porque procedentes de Nueva Orleáns llegan Eugenio Florez y Luis Ardaxo, «artistas mecánicos». Del Valle de Josafat, en el primer acto, a las sepulturas y mausoleos del segundo y el juicio final en el tercero,

---

[22] Hernández. ob. cit. p. 73. Cf. pp. 46, 220.

cuando llegaba el cuarto y los monstruos conducían a los condenados camino del infierno, el público estaba aterrorizado. Truenos, relámpagos y lluvia en un teatrico de treinta y seis pies de largo sin actores en vivo, con treinta y cinco mil figuras y decoraciones pintadas por Pietro Algiero.[23] Aparte de esas novedades, no hay casi espectáculos o no tienen suficiente interés para el *Papel Periódico de La Habana*. La ciudad carece de dramas y óperas, cuyo decaimiento empieza a partir de 1793 y casi desaparecen en los años siguientes. Regresarán al reabrirse el edificio. A finales del siglo XVIII es un tinglado de volatineros, saltimbanquis, acróbatas, sombras chinescas, bailarines, autómatas y animales amaestrados. Francisco pudo divertirse en la esquina de la Maroma o con Perico el ligero o visitar las concurridas ferias de Guanabacoa y Regla, con bailes, juegos y rifas. O quizás se acercó a la calle Cuba antes de que el Cochino Erudito de Londres desapareciera de la vista pública. [24]

Cuando llega a la edad adulta, escribe su biógrafo, "sin más director ni maestro que su afición, representaba comedias caseras." Se inicia como aficionado en un escenario de Jesús María, al final de la calle de ese nombre. Allí representa, se ha escrito, *El tetrarca de Jerusalén*, de Calderón de la Barca, vestido con uniforme de maestrante de Ronda, no sólo por la falta de un vestuario acorde sino porque ya se permite esas extravagancias. Con la casaca abrochada hasta arriba, pantalón largo, espada y guante de gamuza blanco, el uniforme ordinario de la maestranza, el cómico establece un comentario ridículo y desatinado con el traje, actitud que persistirá durante toda su trayectoria. Se presenta en

---

[23] González, Jorge Antonio. "El teatro mecánico en 1794". *Prometeo* 8 (sept. 1948):10, 18, 23.

[24] *El Regañón* y el *nuevo Regañón*. José Lezama Lima, ed. La Habana: Comisión Nacional Cubana de la UNESCO, 1965. martes 9 de diciembre de 1800. p. 93. González, Jorge Antonio y Teurbe Tolón, Edwin. *Historia del teatro en La Habana*. Santa Clara. Dirección de Publicaciones de la Universidad de Las Villas, 1961. El Regañón 11, del 2 de diciembre. pp. 75-76.

una misma noche con *Guzmán,* la *Guzmana* y el *Aníbal,* actúa en el primero y el último mientras una *dama* hace la Guzmana. Son los melólogos *Guzmán el bueno,* de Tomás Iriarte y *El Hannibal,* soliloquio lírico de Juan Ignacio González del Castillo, considerados ya unipersonales. Aunque no hay certeza, se presume que esas funciones no ocurren en el circo, sino en la pobrísima choza donde debuta.

Su vida da un vuelco cuando en 1798 Eustoquio o Eustaquio de la Fuente, contratista de espectáculos (especulador resuelto y sin dinero lo llama Ventura Pascual Ferrer) abre su convocatoria en busca de cómicos y «partes» para el Circo, para llenar el vacío del Coliseo con motivo de su reparación, ya que cuando cierra muchos actores viajan a México. Su tablado se localiza en el Campo de Marte –Fuente compra una gradería muy barata a un tal Mr. Anderson– ahora en estado ruinoso, cuyo aspecto general es pobre y deteriorado, con sus "paredes podridas e indecentes" pero lleno de público que, por su disposición tan apretada, no puede "menearse del sitio sin incomodar al género humano". Francisco prueba suerte contra su voluntad pues se empeña en ser galán, es más, considera que no tiene condiciones como gracioso y pone esa condición para actuar. Pero cuando aparece en el circo-teatril, su carrera se decide. Será figurón. Con Canuto en *Más sabe el loco en su casa que el cuerdo en la ajena y natural vizcaíno,* de José de Concha y Perico en el sainete *La hija embustera y la madre más que ella,* obtiene general aprobación del público y de un señor, conocedor y riguroso, atento y despectivo, que escribe una mesa censoria de las diversiones para su periódico *El Regañón.*

Su biógrafo, por supuesto, desconoce al crítico. Escribe:

Llegó por fin el día de la representación de aquella pieza, y sin haber visto gracioso o figurón alguno que pudiera servirle de modelo, se presentó lleno de temor y desconfianza a desempeñar su carácter para él antipático, pero con suma admiración de su parte, recibió los numerosos aplausos que le prodigaba el público, aunque en su principio los interpretaba como una burla, porque estaba en la persuasión de que le era imposible desempeñar un papel que no conocía. Sin embargo, el público mismo le fue sacando de su error repitiendo los aplausos cada vez más pronunciados y generales.

Vale recordar, dentro de la ingenuidad del relato, que Covarrubias interpreta el gracioso como burla pues carece de modelos. Nace como actor cercano a *La paradoja del comediante*, de Diderot, sin conocerla: en lugar de vivir el papel, no se lo cree y lo representa en sorna, consciente de sus limitaciones. Interpone una distancia entre él y su creación grotesca, la suficiente para acaparar la atención. Es el 2 de noviembre de 1800, tiene veinticinco años y el Regañón es el sagaz Buenaventura Pascual Ferrer, quien, a pesar de señalarle una acción impropia de las manos, exagerada e inconsecuente, tropel en las palabras y versos mal entendidos, escribe que lo hizo "con bastante acierto" y lo consideró adecuado para los papeles de *bajo cómico*. "No tiene de figurón nada más que la figura: ninguna naturalidad en la imitación de un hombre extravange [sic]" y aunque cree que no se reviste del carácter de los que representa, sentenció benévolo: "No se puede pedir más para el desempeño de tal paje que lo que hizo este actor". [25] No escribe su nombre como es común en la época, sobre todo si se trata de un novato, pero todo el mundo supo que se refería a Covarrubias. "Su guía fue huir de las exageraciones ridículas y acercarse en todos los lances a la naturalidad pudiendo asegurarse de que si no los llenaba con exactitud por falta de conocimientos en el arte, al menos presentaba creaciones que le eran propias y no imitadas, pues jamás había visto actor alguno del que

---

[25] *El Regañón* y el *nuevo Regañón*. Ob. cit. p. 93. González, Jorge Antonio y Teurbe Tolón, Edwin. *Historia...* ob. cit. pp. 75-76.

aprender." Su personaje es Canuto Ezeberri, (papel de Mariano Querol en la compañía de Ribera en 1791), figurón muy atenuado, inseguro y temeroso:

> Y así déjate de cuentos
> y fía de que me burlen
> pues aunque sabes mi genio
> que es extraño, extravagante,
> y poco agradable, entiendo
> que hago las cosas de forma
> que no hay quien diga que yerro.

A partir de ahora Covarrubias, actor natural, incorpora lo extraño y esperpéntico y vuelve familiar el figurón.

Fuentes tiene largas miras para su compañía: trae a Juan Guillet, francés o catalán experto en bailes de "maromas" y "pantomimos" en la cuerda floja, emplea al Sr. Ambrosio, también pirotécnico, pero no organiza un circo ya que desde el siglo XVII el espectáculo es un *continuum* y el teatro dramático o de verso no se concibe separado de otras manifestaciones como los juegos de agua y luz, los volatines o malabares, las llamadas variedades.[26] Ambrosio deleita con sus fuegos artificiales de variados colores y paisajes alusivos mientras Guillet representa el primer ballet. De Nueva Orleáns arriba en 1801 la compañía de ópera francesa (Saliment, Cassaignard, Labbotery, Emilia Loreto y Victoria Fleury) con el destacado tenor Faucompreé y Madame Villeneuve, que debuta con *Zelmira y Azor* de Grétry y los primeros programas de concierto. Las óperas alternan con el teatro dramático, entre ellas, *La bella Arsena*, de

---

[26] Sala Valldaura, Josep Maria. "El teatro del siglo XVIII". *El teatro en la España del siglo XVIII. Homenaje a Josep Maria Sala Valldaura.* Ferrer, Bittoun-Debruyne, Fernández. Eds. Universitat de Lleida, 2012: pp. 17-24. p. 22.

Alexandr Monsigny, puesta en septiembre. Llega de los Estados Unidos en 1803 el bailarín Juan Bautista Francisqui –barítono, músico, coreógrafo, artista culto por dominar todos esos géneros–[27] y desplaza a Guillet con sus bailes pantomímicos y pintorescas y exóticas danzas de Escocia o de la India. Casi al mismo tiempo, nacen los Cómicos del país, título ambicioso, rectificado a finales de 1802-1803 cuando se nombran Cómicos Habaneros.

El teatro remozado se conoce como Principal. Es la bóveda impresionante con la «quilla al cielo», semejante a un buque en tierra, airoso y de cara al mar que para Bachiller y Morales, sin embargo, es detestable. Su "extraña fachada" confunde pues nadie puede "figurarse que se hallaba en un edificio que rinde culto a las bellas artes" por su "severa y desgraciada construcción" y su característico techo. En el escenario hay un exergo: "Instruye y amonesta deleytando".[28] Aparte de Covarrubias, integran su nómina Agustina Pereira, Brígida Montero, Dolores Yerre, Juan Cabello, Juan García, Ramón Granados, Francisco Henríquez, Francisco Pereira, Pedro Poveda, Pedro Villa y la mima Catalina Vanice, también amazona de reconocidas dotes, que arriba en 1799 con el circo de Felipe Lailson e interpreta la pantomima ecuestre *Borracho a caballo*.[29] Pronto se incorpora Antonia Rodríguez. Pascual Ferrer en *El Regañón* los caracteriza: "aunque a muchos no les falta disposición, no han tenido reglas que los dirijan, ni modelos donde poder imitar y juzgar del verdadero buen gusto en la declamación; sin embargo, la aplicación y la constancia lo alcanzaría todo, si hubiese quién les

---

[27] González y Teurbe Tolón. *Historia…* ob. cit. p. 47.
[28] Bachiller y Morales, Antonio. "El teatro Principal". *Paseo pintoresco por la isla de Cuba*. Emilio Cueto, ed. Miami: Herencia Cultural Cubana, Ediciones Universal, 1999. pp. 38-42.
[29] Cf. No es solo mima sino integrante del circo ecuestre. Venero de la Paz, Hilda. *El círculo mágico: orígenes del circo en Cuba 1492-1850*. Santiago de Cuba: Editorial Oriente, 2016. pp. 96-98.

enseñase las sendas". Amigo de Isidoro Máiquez y Rita Luna, el Regañón transmite a los cómicos su experiencia como autor dramático –su obra *El cortejo subteniente, el marido más paciente y la dama impertinente* se anuncia en el *Papel Periódico de La Habana* (1792)– aunque su labor más relevante es la de crítico, al sugerirle a los intérpretes modelos y recetas para enmendar sus defectos.

2

Si muy pocas de las actuaciones de Covarrubias han sido documentadas, ¿cómo seguir su trayectoria? En 1800 tiene la energía de veinticinco años y las dotes del actor natural, sin formación como intérprete, pero con gran sentido de observación. Es muy posible que la mayoría de las opiniones elogiosas de *El Regañón* sobre el desempeño del gracioso le correspondan, pero el crítico habla del que hizo el papel de ... y no proporciona el nombre del actor ni de la actriz. José Antonio de la Ossa, El sustituto del Regañón, ocupa su lugar entre el 3 de marzo y el 27 de octubre de 1801, porque el titular se ausenta, pero en materia de conceptos continúa el mismo camino, la censura ríspida y violenta con la que para algunos empieza la tendencia vitriólica en la crítica cubana. Ferrer está convencido de que así mejora el teatro. Se vanagloria de ser "el primero que ha demostrado en la Habana, el mérito de algunos dramas, que ha dado algunas reglas, no generales, sobre la representación: que ha enseñado algunas sendas del buen gusto en la escena teatral y cuyos discursos sobre esta materia han logrado alguna aceptación".[30]

Sin entrar en detalles acerca de su obra, considerada también periodismo costumbrista, su sinceridad es aplastante. No transige con los espectáculos que no le gustan. La pantomima *Arlequín esqueleto* no le complace, "ningún hombre de razón puede gustar de estas insulseses y frivolidades" [sic]. *Arlequín...*, se representa en 1792 y en 1800. El 27 de febrero de 1787 hay un *Arlequín esqueleto* en el Teatro de la Cruz de Madrid y entre 1810 y 1832 el *Diario de Avisos* está lleno de referencias a este título como también a la *muerte de Arlequín*, que debe ser la misma, en

---

[30] *El Regañón y el Nuevo Regañón*. Ob. cit. p. 69. "Mesa censoria. Concluye el juicio de las diversiones de septiembre". 4 de noviembre de 1800. pp. 67-70.

las dos Arlequín muere de un pistoletazo cuando Pantalón lo sorprende robándole a Colombina, un astrólogo disecciona su cadáver, recobra la vida y se casa con ella. Los personajes de la comedia del arte italiana del XVI y el XVII arriban a todos los países de Europa y allí reciben otros nombres. Arlequín se corresponde con los *zanni* de la comedia italiana y para muchos es el antecedente más lejano del negrito del bufo cubano.

A Buenaventura Pascual Ferrer no le agrada porque "la pantomima por sí es una cosa pesada y soñolienta, pues los gestos solo pueden agradar, si se expresan bien, un fastidio inmenso que sólo divierte a cuatro babiecas que se quedan elevados mirando al payaso cuando abre la boca, cuando echa a correr y cae, o cuando le dan un latigazo en las espaldas. Ningún hombre de razón puede gustar de esas insulseces y frivolidades..." Como hombre de la ilustración en su sentido más rígido, favorece la obra dramática por encima de la pantomima porque "el objeto de la representación debe ser divertir el espíritu declamando contra el vicio; y no mover una risa indiscreta en el pueblo haciéndole adquirir un mal gusto en sus diversiones." Tampoco disfruta de los de volatines o *plebeyos* a los que va mucha gente pero no alimentan el espíritu.

Cuando critica *Más sabe el loco en su casa que el cuerdo en la ajena...* profundiza y no solo celebra o reprende, desea educar en torno a las comedias *de figurón* y la ejecución del actor, ya que "en el teatro toda la afectación que no sale del natural, lejos de ser un defecto, es una belleza indispensable pues todos los que concurren a él, ya van entregados a la *ilusión* y resueltos a ver una cosa fingida pero *verosímil.*" [31] Primer crítico teatral, Covarrubias le debe algo, resaltó sus valores por encima de los demás. Según un hijo de Buenaventura, el abogado y escritor Antonio Carlos Ferrer "a las polémicas literarias que suscitó el Regañón y a sus

---

[31] *El Regañón.* ob. cit. Ibid. pp. 328-329, 69 y 93.

críticas teatrales se debe, sin duda, el desarrollo del talento del poeta Zequeira y la formación del inolvidable gracioso Covarrubias".[32]

Cerrado el teatro del Circo en 1802, de la Fuente carece de permiso para representar en Extramuros, Covarrubias impide que los actores se dispersen y los anima y agrupa en el teatro provisional de la Alameda de Paula, descrito por Ferrer "de tablas y bastante pequeño, pero tan bonito que es un gusto verlo". Su figura era de "una perfecta herradura con dos órdenes de palcos muy bien pintados y más arriba la cazuela. Todas las partes de este teatro están muy bien repartidos y reina en él la decencia y el buen gusto. La escena está muy bien decorada, y las perspectivas son admirables." Se convierte en empresario.

Como se conoce, en el sistema teatral heredado de la península, el año cómico transcurre desde la Pascua de Resurrección al martes de Carnestolendas, once meses –durante la Cuaresma hay un receso– en los que se celebran de cuatro a cinco funciones mensuales. Los asentistas contratan a los actores, músicos, bailarines, maquinistas y demás integrantes del espectáculo (con muchas variantes) dirigidos por el primer actor o galán. Unas semanas antes de la fecha de inicio de la temporada, la compañía divulga el *prospecto* con su composición, repertorio y precio de los abonos de palcos, lunetas y cazuela, así como el sueldo de los actores. Las funciones, si el tiempo lo permite, son a las cuatro de la tarde, y al toque de las oraciones, al menos en La Habana, baja el telón donde quiera que estuviese la comedia. También se organizan "beneficios" cuya entrada –descontados los gastos– pertenece al intérprete. El público aporta su contribución en una bandeja a la entrada del teatro. En 1810 un comentarista se queja de que un cómico, durante

---

[32] Citado por Joaquín Llaverías en "Notas para la historia de la prensa en Cuba". La Habana: *El periodismo cubano*, 1941. pp. 7-57. p. 15.

la representación, está pendiente no de la escena sino de la palangana en la que echan las pesetas en la puerta.

La mayoría de las "anotaciones" sobre las puestas en escena no señala a los intérpretes, bien porque la fuente no los refiere o porque el actor no interesa sino el texto dramático, los ingresos o la arquitectura.[33] La biografía de Covarrubias se concentra solo en su debut. De ahí salta diez años después a su quehacer con Andrés Prieto. Las colecciones están incompletas y aunque se presume el gracioso actúa todas las noches porque el espectáculo termina con un sainete, se necesita confirmarlo mediante el comentario del periódico o algún espectador. Como en España, el intérprete aparece en las noticias, con regularidad, mucho después.

No se sabe si Covarrubias es el Lamparón de la puesta de *El príncipe jardinero o fingido Cloridano,* de Santiago Pita, reseñada por el Viajero en 1791, si figura en otra puesta de la misma obra en 1801 o si interpreta el criado de *El servidor de dos patrones,* de Carlo Goldoni, misterios de irremediable solución. Se escribe profusamente del desempeño de los actores, pero no se identifican. Si esto ocurre con el primer texto dramático de la isla, se comprende la orfandad de la documentación. Mi recuento se basa en los de anteriores historiadores y salvo que se indique, la revisión de decenas de ejemplares del *Papel Periódico de La Habana,* el *Diario de La Habana* y *El Aviso* entre 1804 y 1819 y el *Diario de la Marina* y *La Gaceta de La Habana* entre 1844 y 1850. Desgraciadamente sólo una investigación colectiva podría releer periódicos a lo largo de más de medio siglo.

---

[33] Hernández González, Manuel. *El primer teatro de La Habana.* Ob. cit. pp. 250-295; García Marruz, Fina. "Obras de teatro representadas en La Habana en la última década del siglo XVIII según el Papel Periódico". *Revista de la Biblioteca Nacional José Martí* 2 (1972) pp. 95-125. González, Jorge Antonio. "Repertorio teatral cubano". *Revista de la Biblioteca Nacional* 4 (1951) pp. 70-184.

En 1803 el gobernador Someruelos se dirige a los actores en la llamada "Exhortación..." por la apertura del nuevo teatro. En algún párrafo habla directamente a los cómicos.

> Los venales y hambrientos poetastros, sacrificando en aras de la ignorancia, y del vano aplauso popular todos los preceptos del arte y la razón, han abortado una multitud de monstruosos comediones, en que vemos lastimosamente violados, no sólo las reglas del arte sino lo que es más, las del pudor y la decencia. La mayor parte de nuestras comedias antiguas y modernas, y casi todos los sainetes y tonadillas, abundan de estos delirios y torpezas que en vano reclama la razón y el buen gusto mientras que los estime y celebre un vulgo ignorante y novelero. [34]

Su objetivo es la educación del pueblo. No se trata de la imitación ciega sino de "corregir" la naturaleza. El intérprete tiene licencia para emplear su comicidad para la crítica de costumbres y el mejoramiento de la sociedad. Pero cuando el coliseo abre sus puertas, lo más sobresaliente son los bailes pantomímicos de Francisqui con Loreto, Emilia Fleury y la Sra. Titi porque Faucomprée se va del país y quizás con él algunos de los integrantes de la compañía francesa.

El 17 de febrero de 1803 es su primer beneficio como Fray Antolín en *El diablo predicador*, de Luis Belmonte Bermúdez. El 12 de enero de 1804 canta y baila con Agustina Pereira la tonadilla *La viuda y el sacristán* y el 14 hace *Al primer tapón zurrapa* de ¿José María Vaca de Guzmán? mientras el 21, hay una función a beneficio suyo con la comedia de

---

[34] Boudet, Rosa Ileana. *Escritos de teatro. Crónica, crítica y gacetilla*. Santa Mónica: Ediciones de la Flecha, 2013. La revista *Prometeo* no. 24 (agosto-octubre 1950), reprodujo la miscelánea de la Biblioteca de la Sociedad Económica de Amigos del País identificada como expediente 1022-14-B.

figurón *Entre el amor y el honor, el honor es lo primero*, el sainete *Mala noche y parir hija y El muelle de Cádiz o el chasco del indiano*. Concierto por Vázquez. Cantan y bailan Covarrubias y Pereira.[35] La primera podría ser de Rosal (Carpentier) o del mexicano Manuel Flores Ramírez que, según la transcripción, brinda muchas posibilidades a ambos intérpretes.[36] Pereira o Pereyra es muy conocida desde 1799 como primera dama de la compañía de Santiago Candamo en Puerto Príncipe y si la pieza interpretada es la de Flores Ramírez, certifica el sostenido intercambio entre los cómicos del patio y el teatro de la Nueva España. Ella es cantatriz y Covarrubias pudo haber encarnado al avispado sacristán devenido pretendiente. La segunda es un largo monólogo adaptado para la escena y *El muelle de Cádiz o el chasco...* abunda en el tema del indiano que prueba fortuna en el nuevo mundo y regresa como nuevo rico a la península, tema muy abordado por tonadillas y sainetes.

El 2 de abril de 1804, en la representación de *Todo es enredo, amor y diablo son las mujeres*, de Moreto, Covarrubias alterna con la gaditana Antonia Rodríguez como primera graciosa. Joseph Titi canta un aria de ópera y él y Antonia bailan el zorongo del sainete *El majo descalzo o los zapatos*, de Juan Ignacio González del Castillo.[37] Y el 29 de ese mes se presume participa en *El jugador de La Habana o el vicioso arrepentido* y el 10 de junio en *Dos avaros tramposos y astucia de corredores*, de un ingenio asturiano, ambos anónimos de la ciudad. Actúa en *Marta la Romarantina*, de José de Cañizares, el 12 de noviembre de 1805, de acuerdo con *El Aviso* no. 71, un beneficio suyo con vuelos y transmutaciones sorpren-

---

[35] *El Curioso Americano* 1. 15 de julio de 1899. Curiosidades... p. 4-5.
[36] López Mena, Sergio. "Una tonadilla del siglo XIX". En *Literatura Mexicana*. Vol. 4-2 (1993). pp. 499-505.
[37] F. O.[Fernando Ortiz] "Sección inquisitiva". *Revista Bimestre Cubana* no. 1 V. 6 (1911) pp. 50-51. Ortiz aclara que el zorongo es un baile conocido en Madrid en el siglo XVIII.

dentes. Ninfas que aparecen y desaparecen, un diablo con figura de garzón y fastuosa espectacularidad. [38] Serafín Ramírez recuerda a un actor, disfrazado de diablo con una coleta encarnada, que turbado de tanta claridad, en medio de un delirio de "silbas y bravos", no pudo decir palabra hasta el final. Las funciones son a las cuatro de la tarde por la brillantez de la luz. El actor debe ser Covarrubias.[39] También actúa en el sainete *Mañana de San Rafael o las tortillas* que provoca la respuesta airada de un lector en *El Aviso* 74 del 19 de noviembre ¿de 1802? Joseph La Torre, llegado de Veracruz, dirige el Coliseo, engalanado con las decoraciones de Giuseppe Perovani, nacido en Brescia, de cuyo trabajo teatral no hay memoria mientras sobreviven sus frescos en el interior de la Catedral, auxiliado por Adrián Audin, Obán en la prensa. En 1806 hay en comparación más reseñas y anuncios en *El Aviso* de lo que se creía, ya que González, Teurbe Tolón y García Marruz no hallaron ejemplares de periódicos de los años 1805 y 1806. Entre los dieciséis hallados en la Hemeroteca Digital de España, brilla un soneto-comentario del poeta Manuel de Zequeira y Arango "A la Sra. Luz Vallecillo, primera actriz de nuestro teatro".

Con tu cómico labio divertido,
discreta Vallecillo, el pueblo estaba
tan lleno de ilusión que se admiraba
creyendo realidad lo más fingido:
En el *sí de las niñas* ha lucido
de manera tu voz con lo que hablaba,
que parece que un numen te inspiraba
de la viuda el acento y el gemido.

[38] Aguirre, o. cit. p. 32.
[39] Según Yolanda Aguirre en el Aviso 71 está la crónica sobre la primera parte de *Marta la Romarantina*.

> Aquel sublime artificial conato
> cuando festiva tu expresión remedia
> de la niña el desdén y el ceño ingrato;
> esto acredita (y lo demás que media)
> que el autor de tu genio hizo el retrato,
> o que tú le has dictado la comedia.
>
> El Marquez Nueya [40]

Con extrema sensibilidad, el poeta comprende la esencia del trabajo del actor, la relación entre realidad e ilusión, texto escrito y quehacer interpretativo, la actriz que lo hace suyo y lo encarna como si dictase al dramaturgo las palabras. A propósito del «labio divertido» de Vallecillo, habrá en México una polémica sobre su mala dicción o lo que pareciera el esfuerzo de Vallecillo por ajustarse a la pronunciación aceptada.

El 8 de mayo (*El Aviso* 147) Martín de Vajasana responde a una petición de Maduimena, inconforme con la arquitectura del teatro, las decoraciones, el desempeño de los actores y las obras presentadas, de indudable curiosidad, puesto que denuncia cómo la extrema elevación del techo perjudica el sonido y la visibilidad, aunque apenas tiene relación con el actor, salvo que demuestra lo inquisitivo de cierto público, "una tendencia a discutirlo todo, a burlarse de las costumbres" advertida por Fina García Marruz. El miércoles 3 de diciembre se efectúa una representación a beneficio de la primera cantarina y graciosa Antonia Rodríguez, "deseosa de mostrar los afectos de gratitud y reconocimiento que reverentemente conserva a un público que con tanta generosidad se ha dignado aplaudirla" con el drama pastoral en tres actos *Pablo y Virginia*, adaptado de la novela de Jacques-Henri Bernardin de Saint-Pierre, en la que la tempestad y el naufragio se pintan "con la mayor propiedad,

---

[40] *El Aviso* 238 del 7 de diciembre de 1806.

imitando el sonido del viento, la lluvia, el ruido del trueno y el rayo y la confusión de los naufragantes". Luz Vallecillo es Pablo, vestida de hombre; la beneficiada, Virginia; la señora María de Sierra, su madre; Manuel Badillo, el gobernador de la isla; el Sr. García, el pastor; el negro barba, el señor Poveda; mientras Covarrubias es el *negro gracioso* y los restantes, en los papeles de menos interés. Debe haberse representado a partir del libreto de *Pablo y Virginia: drama pastoral en tres actos: sacado de la historia que escribió en francés Santiago Bernardino Enrique de Saint-Pierre/puesta en verso y acomodada al teatro español por Don Juan Francisco Pastor*, publicada en 1795 y reimpresa en 1800 en *Teatro nuevo español*, seis tomos, con varias comedias y zarzuelas modernas, en la que además de esta versión, figura la de Dámaso Isusquiza de *El avaro*, de Moliere, puesta en febrero, famosa y controvertida en La Habana porque el traductor merecía una «reprimenda» por malo. Muy anterior a las fechas hasta ahora registradas, Covarrubias interpreta al *negro gracioso*. ¿Cuál de los dos? A la historia de los dos niños que crecen en el exotismo de la isla de Mauricio, entonces isla de Francia, en el ambiente pastoril de la naturaleza, entre platanales y cocoteros, y hallan la muerte durante una travesía en barco, Pastor añade el esclavo negro Zavi, partidario de la igualdad, en diálogo con Domingo, el negro sumiso original de la novela. ¿Cuál interpreta Covarrubias y quién el otro? En ninguno de los casos parece el personaje con el rostro embadurnado de hollín, embrión del negrito *pajarero* y tosco del teatro bufo. *Pablo y Virginia* queda en el imaginario no sólo porque se representa también en 1838 sino porque algún redactor de *La Cartera* toma y publica del «mamotreto» de un amigo, un "soliloquio" de Pablo, bastante mediocre, escrito por alguien que no revela su identidad. [41]

Covarrubias, travestido en el papel de loca, aparece el 6 de enero en el sainete *Los locos de Sevilla* mientras Rodríguez, Polanco, García, Silveyra,

---

[41] [ ] "Soliloquio". *La Cartera*. V. 4 (enero de 1840). pp. 193-196.

Pereyra, Estarcido, Juan Cabello y Esteban Villa cantan una tonadilla final. La iluminación es completa con todas las bombas de cristal; la música se aumenta y el teatro se adorna con toda la decencia y la propiedad posible. [42] *El matrimonio casual* de Francisco Filomeno, publicada en 1802 en Madrid y estrenada por Rita Luna allí y en otras ciudades de Europa y reimpresa en La Habana en 1829, se representa el 9 de diciembre, atildado y eficiente melodrama con final inesperado. Y el sainete *El engaño desengaño* de Luciano Comella concluye con un chistoso monólogo suyo. El 11 de diciembre se lo anuncia como el negrito de la tonadilla *El desengaño feliz o el negrito* con Juan García Cabello y en la comedia heroica a beneficio del Sr. Dionisio García, *La conquista de Valladolid. El desengaño...* se repite el 25, interpretado por Antonia Rodríguez, María Luz Vallecillo, Manuel García, Juan Cabello y Covarrubias, una tonadilla a cinco. Los *Avisos* de 1806 lo anuncian como *negro gracioso* y *negrito*.

El 6 de enero de 1807 el Marquez Nueya –una de las firmas del poeta Manuel de Zequeira y Arango– comenta *El avaro*, de Moliere y *El sí de las niñas*, de Moratín, con grandes elogios para el que hizo el avaro, y sobre todo para el desempeño de la viuda, cuya "misma retórica le inspiraba el secreto de expresar los movimientos del espíritu" así como "que había tomado de la pintura las más vivas gesticulaciones para igualarse en esta parte con el mérito de Apeles", con un sentido constructivo y moralizador más persuasivo que el de Pascual Ferrer.[43]

Se ha dicho que Covarrubias trabaja en *América y Apolo*, de Manuel de Zequeira y Arango, impresa ese año según *El Aviso* no. 343 del 9 de agosto de 1807, drama lírico-heroico "en celebridad del nuevo empleo

---

[42] *El Aviso* 236. martes 2 de diciembre de 1806.
[43] Carta segunda del Marquez Nueya a su amigo sobre la comedia titulada El sí de las niñas". *El Aviso*. 6 de enero de 1807. Hallada y comentada por Sergio Cuevas Zequeira en *Las Antillas* Año I no. 5 (agosto 1920) pp. 385-389.

del gran Almirante". Jorge Antonio González la considera la primera ópera cubana, aunque se desconoce el autor de la música. El escueto anuncio del domingo martes 8 de septiembre en *El Aviso* 356 reza "con iluminación completa, el *drama* en obsequio del señor Almirante" (el énfasis es mío), no añade nada sobre su representación. González escribe que "posiblemente fue cantada por Pereira, Cabello, Comoglio y Estoracio". Tiene dos personajes, América, soprano, y Apolo, tenor, aparte de un coro invisible y el personaje mudo de la ninfa Talía. Comienza con el lamento de América, a orillas de la playa, apesadumbrada por los estragos de la guerra y el desastre que se avecina, hasta que con la llegada de Apolo, en un largo *ditirambo*, este le infunde esperanzas de que la contienda terminará ya que *don Manuel Godoy, Príncipe de la Paz, ha sido nombrado Gran Almirante de España y que ya los buques españoles transitan sin temor por todos los mares*. Confiada en la paz, América lo transmitirá al «pueblo habano». A no ser alguna voz del coro, no hay un personaje apropiado para Covarrubias. A un precio de 4 reales, le sigue la comedia en un acto, *La librería* [de Sebastián Vázquez], *Un loco hace ciento* [de María Rosa Gálvez], la tonadilla *El maestro enamorado* y el sainete *La madre embustera*.[44] Si bien la iluminación es completa como en las grandes ocasiones o las óperas y el precio es el habitual de estas, se anuncia como *drama* (¿lírico?). No hay comentarios al menos en los periódicos consultados de los días 13, 17, 20, 24 y 27 de septiembre. Los historiadores lo han desestimado. Ni siquiera el *Diccionario de las musas* de Manuel González del Valle la menciona, aunque cita en extenso a Zequeira como poeta épico y autor de jácaras y poemas costumbristas como "Novelero", quizás porque no la consideró a esa altura. Casi todos la valoraron como una alegoría fallida, escrita por encargo para el regocijo que vivió la ciudad por varios días.

---

[44] *El Aviso* 356. 8 de septiembre de 1807.

Sin embargo ya el 13 de agosto de 1807 se habla de un cisma —desavenencias entre las cómicas— y al anunciar los precios de los nuevos abonos, la compañía "se declara temerosa cuando considera separadas a las dos actrices que constituían nuestro crédito" y trata "de remediar la pérdida, sin aspirar a grandes ganancias sino a que no falte a la opulenta ciudad de la Havana un teatro abierto, que es uno de los ornamentos de una ciudad ilustrada."[45] Luz María Vallecillo y Antonia Rodríguez han partido a México en septiembre después de su exitosa temporada. No importó el poema de Zequeira y Arango ni las aclamaciones de los espectadores.

Un loco hace ciento de la malagueña María Rosa Gálvez Cabrera, es un fin de fiesta concebido para representar con su tragedia *Alí-Beck*.[46] Covarrubias debe haber estado hilarante como Pancracio, indigestado de afrancesamientos, cual fantasmón de Aravaca, preocupado por su peinado a la *caracalla* y en casar a su hija con un marqués mientras desprecia lo propio y se extasía con las costumbres parisinas, tema tan vigente en la isla donde los petimetres y la galomanía son criticados con vehemencia. En septiembre, están en cartel las comedias de Goldoni *El criado de dos amos* y *La posadera*, *Caer para levantar* de Agustín Moreto y *El médico supuesto*, de Moliére. No se menciona el nombre de Covarrubias a pesar de que hay muchos sainetes.

El 10 de noviembre, a beneficio suyo, se representa *Fieras afemina amor*, refundición de Calderón de la Barca, mitológica, con abundante música, personajes para tres damas y Hércules y su criado. Pero lo parco del anuncio impide un juicio más allá de la especulación. La misma imprecisión existe sobre *El avaro*, de Molière y *El criado de dos amos* de

---

[45] *El Aviso* 345. 13 de agosto de 1807.
[46] Gálvez de Cabrera, María Rosa. *Un loco hace ciento*. Biblioteca virtual de Andalucía. 2012. Díaz Marcos, Ana María. "La locura del viajero retornado. La "galomanía" en *Un loco hace ciento* de María Rosa Gálvez".

Goldoni, en la que intervienen Stefano Comoglio, bufo de la ópera italiana, y Manuel Badillo. El 15 de diciembre *El Aviso* publica que:

> El teatro de esta ciudad es superior a todos los de la metrópoli y sus decoraciones no desmerecen en comparación de las que sirven en muchas cortes de Europa. La compañía podría ser mucho mejor esta temporada, si desgraciadas circunstancias no hubieran intervenido a separar algunas actrices de las principales.

Las que permanecen en esta "se esmeran en agradar a pesar de lo mal que el público les corresponde. Cinco actores de los principales en todas las comedias son bastante regulares y no creo que los reúna ningún otro teatro de la América Española."[47] El 11 de diciembre Manuel Badillo representa *El poder vence al valor y el amor vence a los dos o los tres magos de Alemania* con un elenco integrado por María de la Cruz Torres, Esteban Comoglio y quizás otras actrices menos relevantes como Manuela Sánchez, Manuela Membrete y Magdalena Loyseau, de acuerdo al anuncio que inserta Serafín Ramírez.

La fama de Covarrubias llega a Matanzas y se declara allí "rey de la mojiganga" con ¿*El triunfo de Baco?* A camino entre la fiesta y el teatro, hace suya esta versión, final de *El señorito enamorado*, de Sebastián Vázquez, que con toda probabilidad representa sola. La mojiganga es una fiesta burlesca, carnavalización y mofa de la historia o los mitos, y el caricato, iniciado por gusto o necesidad con un disfraz de maestrante de ronda para el Herodes, no se asusta sino al contrario disfruta al personificar al dios del vino y sus bacanales. En ella —escribe Peytavy en su estudio-descubrimiento del sainetero— "la borrachera colectiva incluso se presenta como un espectáculo: en un pueblo, se organiza una

---

[47] "Carta segunda... Ob. cit. pp. 385-389.

mojiganga, el triunfo del dios Baco, y se dice que «para hacerlo a lo vivo, / todos se han *empenecado*». En efecto, poco después, «al son de tambor y dulzaina, salen todos los hombres que puedan de dos en dos, de varias figuras de mojiganga graciosas y risibles, todos muy alegres y haciendo de borrachos, sacando en la mano botas, botellas y «cuatro sacan en hombros sobre una angarilla a un muchacho que hará la figura del dios Baco como en carnes coronado de hojas y uvas en una mano, copa y en la otra botella y sentado sobre un tonel chico dan así la vuelta al tablado".[48] ¿Es la representada en Matanzas descrita por un historiador local? El actor dijo el final con tono solemne y majestuoso.

Pues mi gente no [a]parece
y yo soy rey de mojiganga
aquí da fin a la comedia
perdonad sus muchas faltas.[49]

El caricato como rey llama a escena a los varios personajes de su corte, pero nadie viene. Una solución improvisada cuando le fallan sus compañeros de reparto o así suple el numeroso grupo de *El triunfo de Baco*, que ebrio, canta y baila. De acuerdo con una de sus décimas más divulgadas, fue en 1807, en la calle de Medio y por ello se consideró "fundador" también del teatro de esa localidad que, de acuerdo con los historiadores, funcionaba en las casas particulares desde mucho antes y a

---

[48] Peytavy, Christian. "Poderes y escritura en algunos sainetes de la segunda mitad del siglo XVIII: el público cuestionado". *Líneas* 1 (diciembre de 2011).
[49] Leal, Rine. *La selva oscura*. Ob. cit. p. 144. A partir del recuento de José Mauricio Quintero Almeyda. *Apuntes para la historia de la isla de Cuba con relación a la ciudad de Matanzas*.

partir de 1805, en una vivienda de soportales cercana a la plaza La Vigía, propiedad de Mercedes del Junco. [50]

> Si del teatro nacional
> soy fundador en La Habana
> en Matanzas es cosa llana
> que merezco nombre igual
> pues si la fecha y local
> del primer drama o sainete
> publicará sin remedio
> que fue en la calle del Medio
> año de ochocientos siete.

"El cómico dialogaba con los espectadores, éstos le decían cosas, le arrojaban objetos, etcétera, y en la misma línea los actores declamaban sus monólogos mirando al público o para alguien determinado" escribe Peytavy. También en la Habana de 1805 se lanzan objetos al tablado, entre ellos, *galas*, como la onza de oro destinada a una tonadillera que fue a parar al hospital de Paula para desanimar esa costumbre. Si bien, según este investigador, hay en Madrid un Nicolás Estoracio, actor de la compañía de Ribera que la representa en 1777 como sexto galán, "desciende al año siguiente" y desaparece luego, hay un Estoracio en la prensa habanera que bien pudo aspirar a algo más que a ser un sexto aunque se reconoce como José.

Covarrubias reaparece el 18 de febrero de 1808 en otro unipersonal burlesco, *El zapatero Crispín,* versión del de Ramón de la Cruz, y el 23 en una obra de su autoría, *El peón de tierra adentro*. Pero el aviso no lo llama

---

[50] Ponte Domínguez, Francisco José. *Biografía de una provincia, Matanzas*. La Habana: El Siglo XX, 1929. p. 148.

autor, generalmente no acreditado. Transcurre más de un año sin noticias suyas, pero no es posible ninguna certeza porque faltan meses en las colecciones y no todo se anuncia. En marzo se recuerda a los que tienen «algún interés», que acudan al «extinguido» coliseo de los franceses, llamado así porque en él se representó ópera hasta esta fecha. Y en julio de 1809 se publica que *don* Francisco sale para Veracruz y declara que "nada debe", se cumple con la obligación de reseñar a los viajeros. En mayo de 1805 se avisó que partiría hacia el Reino de México con Joseph García y Stefano Comoglio. Se despide en varias oportunidades pero no se ausenta, aunque hay periodos largos sin su nombre en cartelera. El misterio es que en otras ocasiones se habla también de su partida. Transcurren nueve meses y no se sabe de él, pero no se ha encontrado rastro en la prensa mexicana ni en el recuento de los historiadores.

3

En abril de 1810 los empresarios Manuel Azian y Juan José Sotillarena anuncian que han contratado a una compañía de la península, pronta a venir. El cantante Juan Muñoz ha llegado antes. De acuerdo con el Archivo de Indias, Azian embarcó en Nueva Orleáns con su esposa Josefa Roquero, natural de Cádiz, y sus hijas con fecha 3 y 4 de agosto así que Sotillarena es el encargado de informar a la prensa según *El Aviso* 205. [51] Es la del actor catalán Andrés Prieto (segundo de Isidoro Máiquez, muy reconocido en los papeles de barba) que como muchos otros, huye de la península debido a la situación política por la invasión napoleónica. Aunque los asentistas sufren un «quebranto» de cuatro mil pesos, persisten en traer al "actor sobresaliente en los teatros de la Corte" para que el público tenga representaciones dignas de su atención.[52] Sus integrantes son en la etapa de 1810-1811, José Alfaro, Antonio Rosal, Rafael Palomera, Manuel Prieto, Rafael Valdés, Carlos Palomera, Antonio Hermosilla, José Ángel Oceguera, Juan García y Francisco Enrique. Las actrices, Agustina Pereyra, Manuela Carrillo, Brígida Morales, Brígida Montero, María de Sierra y la Sra. Polanco. En la ópera, Mariana Galino, Isabel Gamborino, Manuela García Gamborino, María del Rosario Sabatini, Miguel Gómara, Manuel García, José Antonio Herrera, Agustín

---

[51] Archivo PARES. Arribadas, 441, n. 54, BIS.
[52] Aguirre. ob. cit. pp. 35-36.

Díaz, y Speciali. [53] Consta la licencia de embarque de Hermosilla por las mismas fechas acompañado de su mujer María Sabatini y un hijo. Casi todos los recién llegados tienen un recorrido incipiente, algunos relevante en los teatros de Madrid, Barcelona, Sevilla o Cádiz. Francisco Covarrubias se incorpora como gracioso. Si es uno más entre los actores españoles de las anteriores, ahora pone a prueba su talento entre los miembros de la primera "profesional" que conoce La Habana. Carpentier señala que el "actor cubano [...] figuraba en los carteles en ventajosa situación". [54] El caricato tiene un aval de más de diez años en la isla y de ahora en adelante cuenta con "modelos". Mientras la nueva compañía prescinde de los antiguos actores, ajusta a Covarrubias.

El 2 de septiembre de 1810, días antes de la primera función de Prieto, celebra su beneficio con *Los prodigios de la magia y jardín de Falerina*, (*El jardín de Falerina o el mágico prodigioso*, de Calderón) en la que por medio de una mutación, Hermosilla se convierte en cochino y Covarrubias en mono. [55] Obra mitológica y de magia, necesita un elaborado aparato técnico para estos cambios. Y el 16 participa de *La casualidad contra el cuidado,* de Castrillón, con Sabatini, Hermosilla y Muñoz.

Nadie ha relatado cómo fue el encuentro entre el actor natural –quien ¿no se ha movido de la isla ni conocido otros ambientes? –y el experimentado actor y director, conocido como el segundo de Isidoro Máiquez. Pero el 3 de diciembre, a beneficio de Juan García, en *La buena*

---

[53] En el cuerpo de baile, María Sabatini, Brígida Montero, Ana Valdés, Manuela Carrillo, Rafael Valdés, Manuel Prieto, Francisco Enrique y Carlos Palomera. Cristóbal Hernández, su hermano Manuel, María Sabatini, Juan Muñoz (cantante), Agustina Pereyra, Manuela Carrillo, Brígida Morales, Brígida Montero, María de Sierra, la señora Polanco y los actores Hermosilla, Manuel García, José Antonio Herrera, Agustín Díaz, Manuel Valdés y Francisco Covarrubias. Apuntadores: Diego del Castillo y Esteban Villa.
[54] Carpentier, Alejo. *La música en Cuba*. La Habana: Letras Cubanas, 1988. p. 148.
[55] *Diario de La Habana*, 2 de septiembre de 1810.

madre, de Florian, desempeña el papel principal "como tan propio de su carácter y genio". En un momento de absoluta primacía de Prieto, cuando las obras se anuncian como ensayadas o dirigidas por él, no sólo alterna con Hermosilla sino que se le señala su *genio*. Se vuelve a distinguir al año siguiente, el 30 de enero de 1811, a beneficio de la casa de recogidas, en la comedia en un acto *Un loco hace ciento* (1801) de la malagueña María Rosa Gálvez, emblemática suya de esa época. Prieto interpreta *El sueño*, dirigida por él y el 10 de febrero, en *La esposa prudente o las consecuencias del juego*, aparece otra vez con Hermosilla en un título similar al de una pieza del Patán Marrajo, seudónimo del editor local José Arazoza. El 12 se presenta *El chasco de la sambumbiería de San Lázaro*, sin acreditar, adjudicada después como suya, también anunciada por *El Lince*. Tampoco se conoce el texto, pero la *zambumbia* es una bebida hecha con agua, miel de caña y a veces ají *guaguao* y existe en la calle San Lázaro un expendio. En marzo termina el año cómico y mientras se prepara la nueva temporada, el Principal disfruta de una compañía de maromas. El 5 de mayo hace con Hermosilla el sainete *Los dos viejos llorando y riendo*, de Luis Moncín.

El 12 de ese mes se repite la ópera *La Isabela* (1794) de Blas de Laserna, éxito indiscutido de Mariana Galino, puesta el 11 de abril con Mariana como Isabela, Isabel Gamborino, Rosa; Juan Pau, don Simón; Andrés Prieto, Marino; y su hermano Manuel como Perico. A partir del texto de Cruz-Comellas, se explota el componente melodramático por el que los espectadores quedan prendados de Galino, la plebeya casada con Marino, causante del quebranto de su padre don Simón, que para demostrarle sus reales intenciones se contrata en casa de este y provoca su amor. Desde luego se desenredan los equívocos. *La Isabela* es más que un punto de referencia en la isla y todavía atrae a los espectadores en 1824 cuando Leopoldo Cintra, en carta a Domingo del Monte, la sitúa en el *reyno* de la "canalla teatral".

El 21 de abril de 1811, Bufo Siriaco, crítico asiduo del diario, le lanza una suave «pedrada» a la compañía. Carece del prospecto con los nombres, sueldos y obligaciones de los actores y cree que estos "se esforzaron en agradar al público". Pronostica "que las comedias de la presente temporada, tendrán en la escena toda aquella propiedad, que sólo se ve cuando son dirigidas y representadas por buenos actores". Sin embargo, clama por "trajes decentes" pues sin ellos "se pierde la ilusión" y se horroriza cuando en *La Isabela* aparece "un niño negro" para "disgusto general" ya que es "ridículo y despreciable, la notable diferencia del color del hijo al de sus padres, que lo hacía inverosímil". No existe el libreto de Luciano Comella pero el niño negro debió ser el único dispuesto a salir a escena. Ensayada y dirigida por Manuel García, contó con notable actuación de Mariana Galino e Isabel Gamborino, "gesticulación" de Miguel Gómara, primer bufo de la ópera de Cádiz, (profesor de música declaran sus documentos de embarque) y seguidillas manchegas bailadas por Manuela García Gamborino y Joaquín González, coreógrafo del Principal.

Covarrubias actúa en *La casa de hombres solos* y en *La variedad en la locura* para siete hombres. El 27 de junio interviene en *El sí de las niñas* de Moratín, el 23 de julio en *El chasco del indiano*, y el 28 de noviembre en *El ayo de su hijo*, segunda parte de *La Isabela*, interpretada por Gamborino y Prieto con un divertido sainete. Diego Castillo (¿consueta de la compañía?) le escribe *Los apuros de Covarrubias o Lo que fuere sonará*, representada en el Coliseo el 14 de diciembre, un indicador de su popularidad. También se cita en varias de las óperas ofrecidas en esa temporada y más adelante es frecuente hallar en los programas "sainete por Covarrubias". Desde luego, no se han revisado todos los periódicos y puede actuar y no ser anunciado.

A pesar de que La Habana no ha conocido profesionalismo similar, la temporada suscita apasionados comentarios, fascinantes por su agudeza y oportunidad, escritos por colaboradores, espectadores o curiosos de todos los estilos y procedencias. Integran el relato de *Cuba entre cómicos: Candamo, Covarrubias y Prieto,* junto a trece crónicas en el archivo de Jorge Antonio González, cedidas para ese volumen por la gentileza de Miguel Sánchez León. [56] Pero existe una polémica anterior. Empieza con las quejas del Sobrino del Tío Antón (el Patán Marrajo) el 10 de marzo de 1811, le sigue la contesta del Imparcial el 17 y la respuesta el día 24 del llamado Don Gil de las Calzas Blancas. Un expediente singular que se ha pasado por alto. El sobrino del Patán Marrajo se asombra de la dotación ofrecida al recién llegado director, confiesa que tuvo grandes esperanzas con Prieto, pero se ha defraudado ya que en cinco meses y dieciocho días se han puesto dos tragedias y diecinueve comedias pero infinitas repeticiones, bien porque el actor no se sabe otras o no ha tenido interés en buscarlas. Patán Marrajo es el seudónimo de José de Arazoza quien se une a Soler para crear la imprenta de ese nombre, miembro de la Sociedad Patriótica y autor de *Gloria del Valle de Roncal o el héroe don Mariano de Renovales,* representada por Prieto el año anterior, a saber sobre el militar español que participó en un plan para liberar a Fernando VII. El Patán adelantó sus argumentos en una carta al Diarista del 10 de enero:

> No voy al coliseo por la fastidiosa repetición de comedias con que se incomoda al público en perjuicio de los abonados, sin que hasta ahora se pueda adivinar el motivo para representar por quinta vez, en menos de dos meses la del *Anciano y los jóvenes* y solo podría haber

---

[56] Villabella, Manuel y Boudet, Rosa Ileana. *Cuba entre cómicos: Candamo, Covarrubias y Prieto,* Santa Mónica: Ediciones de la Flecha, 2015.

disculpa probando por relaciones auténticas que todos los dramas naufragaron en una nave que venía del polo antártico.[57]

Se burla despiadadamente del estilo de actuación de Prieto, le molesta el sonido de fuelle que emite al bajar los brazos. "¡Cuántas veces se confunde el accionar con el manoseo indecente!", elogia a la Sabatini pero sentencia que *Prisionero de guerra* es inmoral. El público no ha sido servido como se le prometió, el director no ha demostrado su habilidad y en su lugar ha exigido un sueldo del que no se tiene memoria. Los empresarios están en el deber de anunciar si se van a repetir las comedias o devolver el dinero a los abonados.

El Imparcial, por el contrario, resalta los valores de Prieto, quien aparte de cumplir con su deber, ha corregido muchos abusos en el teatro, reformado el método y ensayado particularmente a los actores, pues cuando no son dirigidos por él –alusión directa a Sabatini– "ofendía el pudor de los espectadores resucitando los juegos mímicos, proscritos y desterrados del teatro hasta por los santos padres". "¿Cuando se ha visto en el teatro de la Habana la uniformidad y propiedad en los trajes, la decencia en el porte de los actores, y sobre todo unas piezas en donde brilla la bella moral y buenas costumbres, ahora que una feliz casualidad nos trajo este actor, que tanto ha celebrado este público y que V. señor Patán, tan injustamente ofende?" Justifica la escasez de tragedias por la falta de actores y actrices capaces de *calzarse el coturno*, las prohibiciones y la falta de un pintor. Dice que el buen gusto prefiere lo bueno repetido, para insinuar que el Patán se ofendió porque Prieto se excusó de representar su obra *Consecuencias del juego*. "El mayor elogio de este actor es que lo critique un Patán".

---

[57] *Diario de La Habana* 132. 10 de enero de 1811.

Don Gil de las Calzas Blancas lo refuta, creído de que es una impostura del nuevo actor, Prieto, que exigió setecientos pesos de sueldo en la primera temporada y mil en la segunda, como el de un capitán general y ha justificado las repeticiones por la falta de un pintor y desmerecido a María Sabatini, digna de los mayores elogios. Insultado porque se diga que no ha habido en la ciudad una comedia moral hasta la llegada de Prieto y se hable de esta como feliz, cuando el motivo ha sido la invasión francesa, defiende a la actriz: "El público no ha visto en ella los gestos y visajes de un mimo, ni las indecentes acciones tal dice el nuevo actor, porque ni el magistrado lo permitiría, ni el gusto de este público está tan estragado que aplauda lo obsceno é indecoroso. Si lo dice porque alguna vez se le ha visto representar en traje de varón "con la mayor circunspección," recae esa supuesta falta en el nuevo actor, que le mandó por primera vez a usar de este trage en la comedia intitulada *El celoso y la tonta* [de Dámaso Isusquiza]. [sic]

Covarrubias no se menciona, nadie lo refiere ni con buenas ni malas críticas. ¿Es signo de respeto o todavía no lo consideran digno de valoración?

A finales de 1811 Prieto tiene muchos problemas por las cancelaciones por enfermedad y hasta lo acusan de fingir una terciana doble. Se excusa con pruebas médicas, está en cama. Un podatario lo defiende en nombre de los abonados, pero en cambio critica las comedias de amoríos en las que se "derriten" Sabatini y Antonio Rosal. Sabatini contesta el primero de octubre de 1811 con una *Primera zurra al falso podatario de los abonados al teatro*, ocho páginas en octavo. [58] Casada con Antonio Hermosilla, llega con él y su hijo Antonio desde Cádiz. No sobrevive el texto de la *zurra*, pero sí muchas referencias a la tragedia que

---

[58] Trelles, Carlos Manuel. *Bibliografía del siglo XIX*. Matanzas: Quirós y Estrada, 1911-1915. t. I. p. 67.

sacude la ciudad. José Alfaro, celoso de Rosal, apuñala a su mujer Mariana Galino en la casa número 1 de la Calle Luz y creyéndola muerta, se suicida. El incidente desata comentarios en los periódicos, epigramas y burlas pero Galino no sólo sale ilesa sino con más popularidad. El gusto por los escándalos del teatro llega hasta hoy, cuando se osa llamar suicida al agresor de Galino. Un pensamiento machista la cree todavía merecedora de ese escarmiento. Covarrubias en medio del caos se excusa por su mala interpretación en *El delincuente honrado*, hecha de improviso.

Así lo describe Serafín Ramírez en *La Habana artística*:

> ... Covarrubias sí que hizo durante cincuenta años las delicias del público habanero, Covarrubias que, sin maestro que lo instruyera, sin modelos que seguir, sin libros que estudiar, sin estímulos que lo empujaran y perfeccionaran, guiado simplemente por algunos consejos de El Regañón y por los impulsos de su genio, llegó á tan alto grado en su carrera, hizo tan popular su nombre no sólo en Cuba, sino en la misma España, a tanta distancia entonces de nosotros, que el insigne Máiquez dijo más de una vez: «Dos buenos actores posee Cuba: «uno es Prieto, y el otro Covarrubias, porque me lo ha celebrado Prieto». Andrés Prieto era taciturno y en lugar de descansar después de sus funciones, al terminar cada noche, se retiraba á su cuarto y allí permanecía cerca de una hora, recostado y abstraído de todo, hasta que repuesto y sereno de las fuertes emociones que acababa de experimentar se marchaba á su casa cabizbajo y silencioso. Pues bien desde que Prieto aplaudió por primera vez á Covarrubias ya no volvió á poner en práctica su antigua costumbre, muy al contrario, apenas acababa de trabajar se

sentaba entre bastidores, envuelto en una capa *para desde allí contemplar*, decía, *aquel talento, aquella gracia sin igual.* [59]

Sin embargo, Prieto guarda silencio y olvida su convulsa aventura habanera. En *Teoría del arte dramático* (1831-35), su libro póstumo, escrito por encargo de la Real Escuela de Declamación, no recuerda a ninguno de los comediantes que conoció en América, tampoco a Covarrubias.[60] Se dice que Bernardo Avecilla oyó elogiarlo y una vez le dijo, me han engañado respecto a usted, me habían dicho que usted solo hacía reír... y "por mí propio, he experimentado que sabe usted hacer llorar... de risa." De acuerdo con Millán, en cambio, el caricato sí apreció a los actores europeos. "Mucho he aprendido de tan sublimes actores, y me vanaglorio de ello" dijo.

Prieto y Covarrubias actúan juntos como atestigua este anuncio inserto en el no. 425 del *Diario de La Habana* del martes 29 de octubre de 1811.

Comedia: *Un montañés sabe bien donde le aprieta el zapato*, [de Luis Antonio José Moncín] en que executarán los papeles principales, la Sra. Sabatini y los señores Prieto y Covarrubias. Intermedio de música y se dará fin con un gracioso sainete. [sic]

En 1812 llega Teresa Canal, casada con Antonio Rosal. Pero ese año no está exento de provocaciones ya que Mariana Galino amenaza con regresar a España y se atrinchera en el navío Algeciras si no le abonan sus *quinientos*, los más satirizados de la historia. No se conoce un relato exhaustivo de las representaciones de 1812, tan amplio como el de la temporada anterior, pero se ha dicho que Prieto fue muy aplaudido en las

---

[59] Ramírez, Serafín. *La Habana artística. Apuntes históricos*. La Habana: Imprenta del Estado mayor de la Capitanía general, 1891. p. 26.
[60] Prieto, Andrés. *Teoría del arte dramático*. Introducción, selección y notas de Javier Vellón Lahoz. Madrid: Fundamentos, 2001.

tragedias *Orestes, Zaira, La muerte de Abel, El duque de Viseo* y *Otelo* y en las comedias *El delincuente honrado, El duque de Pentiebre* y *El villano del Danubio*. *El poeta calculista*, opereta unipersonal, es la favorita de Pau, el cual gustaba mucho en La *Isabela, El califa de Bagdad y Ramona* y *Roselio* estrenada en beneficio de Galino. Se repone el sainete de Covarrubias *El peón de tierra adentro,* por muchos años muy gustado.

Covarrubias ya es preponderante. Prieto gana quinientos pesos de sueldo, Rafael Palomera, su director suplente, la mitad, y él como "gracioso" cobra doscientos y un beneficio, de acuerdo a "Apuntes para la historia del teatro en La Habana", cifras mucho más conservadoras que las del Expediente para el establecimiento de una compañía de cómicos (1812).[61] Mil doscientos pesos para el cubano es una cantidad astronómica, supera la suma de la que se habla en la prensa y vuelve incomprensible la disputa por el sueldo de Mariana Galino y hasta las décimas que se burlan de sus *quinientos*.

Galino y Prieto luchan por sus pagos tanto como por su reputación. Como los habaneros no quieren perder a su diva, pasión y delirio de sus admiradores, cuando amenaza con marcharse, el interés por mantenerla en la isla es superior a la contabilidad. Por mucho tiempo los historiadores escriben erradamente el nombre del agresor y confunden a la víctima, llamada Isabela como su personaje.

---

[61] Apuntes para la historia del teatro en La Habana". *La España Artística* no. 47 (13 de septiembre de 1858). pp. 366-367 y no. 48 (20 de septiembre de 1858). pp. 372-373. Primera parte firmada por P. de la H. y la segunda por Francisco Maeztu. El texto añade al señor Juan Pau, primer tenor, con 250 pesos; Manuel García, primer tenor, alternando con 200, la señora Isabel Gamborino, primera dama de verso y canto hasta que se ajustó la señora Mariana Galino, 350 pesos y la señora Antonia Rodríguez con 250. El señor Antonio Rosal al principio no quiso trabajar con el director Prieto; pero después se ajustó lo mismo la señora Galino, primera cantatriz.

Ese año la compañía es de tragedia, comedia, ópera y baile, la orquesta la dirige Juan Peña y la maquinaria el sevillano Juan Aparicio. Hasta 1814 los cómicos no usan en La Habana el título de *don* pero el 20 de septiembre de 1814, cuando en su beneficio Covarrubias presenta su pieza *Las tertulias de La Habana* y canta "La Cirila", en la que hizo reír sobremanera por su notable desentono, se habla de don Francisco. Ese año Rafael Palomera, el moro Tarfe en *El triunfo del ave María*, de Rosete Niño, sale a caballo por el patio de lunetas a desafiar a los cristianos mientras Carlos Palomera, Garcilaso, también en posición ecuestre, hace lo mismo mientras sostiene la cabeza del moro como trofeo.

La única crítica encontrada sobre Covarrubias alrededor de estas fechas es la de Antonio Peojan, el 18 de agosto de 1813, en el *Diario Cívico*, escrita en burla, pues propina escarmientos a todos los comediantes. A él le corresponde "un parche de brea hirviendo" ya que tanto el cómico como la empresa del Principal demuestran "escandalosa parcialidad por su atrevimiento de chocar con la opinión pública que clamaba por Prieto y en fin, por su acreditada ineptitud o falta de conocimientos para saber calcular y apreciar el verdadero mérito de este admirable actor". Se representa *El cerco de Calahorra o La constancia española* y al parecer Covarrubias hace un comentario desatinado sobre Prieto del cual tiene que retractarse. [62]

El 26 de agosto Prieto se reintegra a la compañía de mala gana, después de despedirse por no aceptar las condiciones de los empresarios. Las molestias y ofensas entre sus integrantes, por no decir el escándalo, dificultan la convivencia. Gracias a Manuel Pérez Beato se divulgan los ingresos de la compañía entre el 15 de julio de 1813 y el 14 de febrero de 1814: 49, 463 pesos y 3 reales y medio, de los cuales 31, 573 pesos y

---

[62] Pérez Beato, Manuel. *El Curioso Americano* 5. (1ero de febrero de 1893). pp. 68-69.

medio real corresponden a los sueldos de los actores para un déficit de 2, 497 y siete reales y medio. Que la obra más recaudadora es *A una gran heroicidad* ..., el beneficio más productivo, el de Galino, seguido por los de Gamborino y Prieto. Covarrubias con *El bruto de Babilonia* gana 764 pesos, Galino con el suyo, 1 500. [63] Dos décadas después, en las *Memorias de la Sociedad Económica*, un autor anónimo recuerda a quien "obtuvo por mucho tiempo y en diversas temporadas teatrales la mayor aceptación pública". Reconoce que los progresos en el arte de la declamación "no son suficientes a formar muchos Máiquez ni aún muchos Prietos. [...] Seamos francos, después de Prieto no hemos visto un actor que arrancara aplausos puros, espontáneos y un entusiasmo legítimo". [64]

Entre 1815 y 1816 el rastro de Prieto se disipa. A beneficio de Covarrubias, *La feria de Carraguao* vuelve el 24 de octubre de 1815 en medio de su auge en los barrios de Extramuros, la Merced, San Francisco, El Ángel y Regla. Se inician con la salve y fiesta en la iglesia del santo del lugar, siguen los bailes públicos en las casas del barrio, con la venta de dulces y *juegos de monte* en el comedor, cuya *partida* los costea. En la calle se colocan mesas de diferentes juegos de azar, los vecinos apuntan desde medio real a una peseta, pero en las bancas no se admite menos de un peso. Las mesas están repletas de onzas de oro y pesos fuertes y allí amanecen, se vende la mercancía y se dilapida el dinero. Las fiestas patronales se mantienen hasta 1834. Tacón las prohíbe.

En 1816 se presentan en el teatro Principal los cantantes italianos *Bernardnia*, Antonio Chiavari y Rafael Lorenzani, quien falleció al poco tiempo. Arriba Juan López Estremera que estrena *Nerón, Los niños*

---

[63] Pérez Beato, Manuel. *El Curioso Americano*. "Datos para la historia del teatro en Cuba" no 7. Enero, 1900. pp. 5-8.
[64] Anónimo. "Revista artística. Crónica insular". *Memorias de la Real Sociedad Económica de La Habana*, t. I. La Habana: Imprenta del Gobierno y la Sociedad Económica, 1846. pp. 47-60.

expósitos, La recta justicia y la ópera *El sueño mágico o el hijo de la fortuna*. A beneficio de Covarrubias se representa con música *La sirena de Tinacria* zarzuela de Diego de Córdoba y Figueroa, escrita en el siglo XVII, inspirada en *La vida es sueño*, de Calderón de la Barca y el sainete *Este sí es chasco*, en el cual cantó la tonada de moda "El Caramelo", aunque fuera de tono y con voz muy desagradable. Actúan en el mismo teatro en 1817 el gracioso Santiago Candamo y Nicolás García Reyes, en la ciudad desde 1813 antes de partir hacia Santiago de Cuba y Puerto Príncipe. Manuela Franco, graciosa, canta tonadillas con Pau. Entre las comedias representadas, *El día del castigo*, de Estremera; *Don Quijote en las bodas de Camacho*, en la que Covarrubias hizo al Quijote y Pau, Sancho Panza, así como las óperas, *Un loco hace ciento*, de Esteban Cristiani, *El matrimonio secreto*, de Cimarosa y *La italiana en Argel*, de Rossini, a beneficio de Galino. Sus agentes son Manuel Arriaza y el pintor Francisco Zaparí, relevante y diestro en el Coliseo de México unos años antes, junto al director de orquesta Ulpiano Estrada.

Acián [sic], vecino de La Habana y residente en el Puerto de Santa María, manifiesta que ha rematado la contrata para la edificación del Coliseo y reparación de la Alameda, pero está en la ruina y solicita compensación. [65] Sus descabellados empeños permiten a los habaneros gozar de una temporada única, unos meses mágicos pero llenos de altercados. También el alcalde José Matienzo se queja contra el capitán general Juan Manuel de Cagigal "que le mandó arrestar en el Morro por haber ordenado la prisión del agente Manuel Arriaza...". El incidente ocurre entre los años 1819-20 pero en 1821, ya en libertad, le dedican un anuncio en verso. [66]

[65] ES. 41091.AGI/36/ULTRAMAR, 128, 40 y ES. 41091. AGI/36/ULTRAMAR, 164, N. 69.
[66] Cuevas Zequeira, Sergio. "Breves apuntes de historia cómica". *Las Antillas* I, no 5 (1920). pp. 347-384.

Nada es más grato, oh, pueblo venturoso
al corazón de Arriaza agradecido,
que el ver que en sus funciones ha sabido
recompensarle siempre generoso
lo que ahora te ofrece respetuoso...
para este día dejará cumplido
tu contento y placer, pues ha reunido
cuanto ha estado a su alcance más precioso.
Una brillante sinfonía empieza.
El sobrino fingido irá en seguida.
De Porlier verás luego la enteresa [sic]
en la última hora de su vida;
y por fin en un baile de destreza
con que *Ponce descubre la Florida*.

4

A finales de 1818 el teatro dramático y la ópera se trasladan al Teatro Provisional de Extramuros, según la prensa, que también documenta la llegada de viajeros ilustres como Antonio Meucci, natural de Roma, retratista al óleo y de miniatura, para ofrecer lecciones de dibujo en el no. 23 de la calle O'Reilly. ¿Es el futuro maquinista del Tacón e inventor del teléfono un niño prodigio de once años? El teatro se localiza en el Campo de Marte, en el barrio de Jesús María, frente a la plaza de toros, según indica Maeztu en *La España Artística*. La escena siempre está «hermoseada» o «adornada», se reseñan los artilugios o recursos utilizados y se menciona con más frecuencia a los actores. El repertorio, en manos de estos, busca obras de la tradición, muchas de ellas representadas en los corrales de comedias como *El triunfo de Judit y la muerte de Holofernes,* el 5 de julio, con la escena adornada "con una posible brillantez y una elevación transparente", la muerte de Holofernes se realiza con una máquina y hay un carro nuevo, prueba de que en la isla se ha representado antes. Covarrubias participa de las tonadillas. El 15 actúa en el sainete *El señorito enamorado*, de Sebastián Vázquez y baila una copla del bolero entre otras divertidas escenas de *El triunfo de Baco*, que representa mucho. El 19, en *La sirena de Trinacria,* muy conocida del público, Galino es la sirena y Manuel García el músico de palacio. Covarrubias interpreta al ciego y en *Don Cirilo el escondido* canta "Arriba el moño" y "Que por estar ciego le dan a don Cirilo". A diferencia de otras temporadas, las obras se repiten dos y tres veces junto a los conciertos del *Panharmonicón*, autómata que toca los instrumentos de una banda militar. Posiblemente llega a La Habana en 1818 desde Nueva York donde su inventor, Johann Nepomuk Malezal, mostró curiosidades mecánicas como su renovado jugador de ajedrez, su trompeta, sus muñecas hablantes y sus cajas de música. Los conciertos del *panharmonicón* son muy gustados y se ofrecen lunes, miércoles y viernes.

El 14 de agosto la comedia *Los amigos del día* [*Los amigos...* de Manuel Ortiz de Pinedo] concluye con el concierto del violinista Manuel Cocco, acreditado profesor de música recién llegado de la península. La escena se adorna con brillantez y lujo. Y hay arias de Galino y Gamborino con Cocco, variaciones compuestas por Andrés Rosquellas, músico de cámara de Cimarosa, interpretadas por estas, García y Pau y el 15 de agosto, de nuevo *Dido abandonada*. Sobresale la espectacularidad. El 17 de agosto se representa *El rayo de Andalucía y genízaro de España* [de Álvaro Cubillo de Aragón]. Así la describe el periódico:

> Mudarra, hijo de Arlaja, princesa africana y del caudillo español Gonzalo Bastos de Lara, pasó a Castilla a vengar la muerte de sus hermanos, los siete infantes de Lara, lidiando con Rui-Velázquez, a quien cortó la cabeza como castigo a su abominable traición. Este pasaje histórico se ha hermoseado con la aparición del apóstol Santiago, patrón de España, que desciende de lo alto del teatro en el acto de una batalla y corre por él a caballo, atropellando los moros, dispuesto de un modo que tenga la posible propiedad: la salida, también a caballo de la primera dama por el patio, donde hace un largo razonamiento al rey D. Ramiro y otros pormenores dignos de la expectación de este respetable público. Termina con el chistoso sainete *Los apuros de un gracioso y comedia de repente*, en la que el Sr. Covarrubias desempeñará por sí solo una pequeña y jocosa comedia en tres actos, un sainete y una tonadilla, vestido de mujer en traje de maja y bailando la tirana del trípili trápala.[67]

---

[67] *El Aviso*. 17 de agosto de 1819.

Los apuros de un gracioso..., otra pieza de su autoría sepultada entre los papeles de un viejo baúl, censurada por sus sucesores o traspapelada acaso durante su ajetreada vida. Pero si se atiende a la clasificación de *comedia de repente, all'improviso,* quizás fue escrita como respuesta a la tendencia abusada hasta el cansancio de representar *comedias de teatro,* muy elaboradas y con profuso aparato. Si Covarrubias ha ensayado el sainete, la tonadilla y la mojiganga, es consecuente que experimente con la comedia *de repente* y la obra nunca se escribió. O es un texto escénico y no verbal como en la comedia del arte cada máscara tiene su *zibaldone,* un repertorio de *gags.* El cómico repite probablemente sus papeles más gustados, entre ellos el de Baco, y necesitado de algo nuevo o en algún «apuro», acomete la comedia de repente.

En *El bruto de Babilonia,* de Agustín Moreto, hay visualidades, transformaciones y vuelos, entre estos los de un ángel y un horno que arroja llamas. En el sainete *Los tres novios imperfectos, sordo, tartamudo y tuerto* [de Sebastián Vázquez] "una muchacha convida a sus novios, pretendiendo determinar con cuál se va a casar en función de la serenata que cada uno le da", según precisa Peytavy. [68] Covarrubias como el tartamudo Policarpo, carga el arpa de su amo y canta graciosas coplas acompañado del instrumento, así como tiene varias escenas a dúo con el gallego, que dice "Soy un diabro". La presencia del gallego en los sainetes de Sebastián Vázquez –bastante representado por Covarrubias– podría explicar el nacimiento del personaje en el teatro popular de la isla, así como la búsqueda de la comicidad por el acento, reiterada en los amos Geromo y Catana en *La boda de Pancha jutía y Canuto Raspadura* (1848) del gallego Bartolomé Crespo y Borbón (Creto Gangá). También sube a escena *Oscar* de Juan Nicasio Gallego y la ópera *Muerte de Saúl y triunfo de*

---

[68] Peytavy, Christian. "Los sainetes de Sebastián Vázquez (1774-1799)". En *El teatro breve de Sebastián Vázquez. Estudio y edición.* CORTBE.

David, en la que Gamborino viste de hombre y hay una lluvia de fuego que imita la coronación del rey. Manuel Cocco toca los timbales, anota el periódico.

Para festejar la llegada del capitán general Juan Manuel Cagigal se representa *El buen gobernador o sea el duque de Pentiebre*, de Vicente Rodríguez Arellano. Siguen los efectos y en *El diluvio universal o sea el arca de Noé* "un cometa de luz con figura de sierpe atraviesa la escena por todo lo alto del teatro, hay un arca a medio construir y vuela una tea encendida con la que pretendían quemarla, mientras crecen las aguas del diluvio; hay relámpagos, truenos, viento, el arca navegando y llega una paloma natural con el ramo de oliva, la agradable visita de una vida transparente." Las reseñas del *Aviso* buscan interesar al espectador en tramoyas y efectos visuales, abundantes durante esa temporada. Los actores, libres de la tutela de un único director, prefieren la dramaturgia espectacular con episodios, figurantes, desfiles, duelos, batallas y transmutaciones. Pocas veces se informa el tema o el argumento, sin embargo, se enfatiza en los efectos, incluidos los "naturales". En *Armida y Reinaldo* [de Rodríguez de Arellano], el 6 de septiembre, se reseña que la dama, personificada por cuatro figuras vestidas de furias, atraviesa una magnífica marina transparente. Concluye con la ópera en un acto *El nuevo señor del lugar*, música de Francois Adrian, un año antes de la anotada por González.

Antonio Meucci cambia de vivienda y ahora en la calle Damas no. 9, cerca del convento de Santa Clara, ofrece servir a quienes gusten ocuparlo en su profesión, ya que tiene una casa «muy capaz».

Cuando se avisa a los abonados para renovar su suscripción y hay un alto en las funciones, ocupa el tablado Juan Bautista Desclos, traga espadas que "engulle una o dos" y llamó la atención de la Facultad médica de París, acompañado por un payaso que se come un pajarito vivo. Frente a los que quieren despojar al circo de crueldad, los espectáculos tienen todavía una reminiscencia de su primitivo origen.

Desclos continúa con funciones de juegos de manos y equilibrios en la calle Salud no. 32 y luego en el 96 de la Obrapía.

En la comedia *Las vivanderas ilustres*, de Antonio Valladares, se observan "los lances más patéticos y sensibles en que el corazón de los espectadores toma partido junto a otros muy jocosos". Covarrubias es el gracioso, un tambor, con escenas pintorescas, "teatrales y militares" y un sorprendente desenlace. También la chistosa tonadilla *Los maestros de la Raboso* por Gamborino, Pau y Palomera, con el trípili trápala bailado por los mismos actores. A beneficio de Antonio Rosal, se representa *Encontrar tres imposibles, mujer firme, amigo fiel y criado agradecido o sea la nobleza catalana*, de Tirso de Molina, comedia en tres actos. Covarrubias tiene "los chistes naturales del gracioso" como Galván, el criado viejo y agradecido. Se teatraliza el desembarco del conde de Barcelona con *varios buques que hacen el saludo al pasar la falúa que lo conduce*. En el sainete *Músicos y danzantes*, de Ramón de la Cruz, la Gamborino es la graciosa y García, primer tenor, el maestro de música, que canta un aria del mejor gusto, mientras Covarrubias, valiente majo andaluz, canta un villancico acompañado de campanillas. Finaliza con el baile llamado *El parloteo valenciano*. En la tonadilla *Las majas contrabandistas y soldados* cantan Galino, Gamborino, García, Franco, Fioles, Pau y Muñoz, y Covarrubias es el jefe de los gitanos. Gamborino y Pau cantan una tonada gitana.

En obsequio al cumpleaños del soberano Fernando VII se dispone que desde el 14 de octubre las funciones se realicen en el Coliseo principal donde se representa la ópera *Zara y Zafir o el bajá de Alejandría*, con «excelente música del gusto moderno». Según González, se estrena el 2 de junio del año anterior de autor desconocido. Tiene gran aparato teatral, vistosa iluminación y nuevos vestidos. El 16 de octubre, en el Teatro Principal, se representa *El matrimonio secreto* de Cimarosa.

Meucci muestra en su casa, en Damas número 3, los retratos de tres conocidos. ¿Quiénes?

El 1ero de noviembre, en el Provisional de Extramuros, se representa *Blanca y Montcasin o sea los venecianos* de Antoine Vicent Arnault, en honor de la excelentísima esposa del gobernador y el chistoso sainete *Los palos deseados*, de Juan Ignacio González del Castillo. En el Principal *La travesura*, de Mehuil y Boully, con Galino, García, Pau, Muñoz, Franco y Estoracio. El teatro de verso, generalmente en Extramuros, alterna con la ópera en El Principal. Manuelita García y Manuel Olivares bailan el minué de corte y la gavota. Allí se presentan obras de tramoya que requieren más trucos y complejidad como *El mágico de Servan y criado de astracán*, de Antonio Valladares, que "se adorna con las transmutaciones y visualidades, un árbol que se transforma en fortaleza y del que salen diablillos, una papelera que se torna trono enlutado y luego vuelve a ser papelera y una mesa que se vuelve dragón". También el sainete anónimo *Perico el empedrador o los ciegos hipócritas y embusteros*.

El 4 de diciembre Covarrubias tiene su beneficio con la "interesante y chistosa comedia jamás vista en esta ciudad, *Abre el ojo*, de Francisco de Rojas Zorrilla", antecedida por un anuncio que parece redacción suya, semejante a los que después firma.

> La crítica juiciosa de las costumbres del día, amenizada con mil gracias naturales y sales cómicas colocadas oportunamente con fecundidad, es el asunto de esta bella composición dramática: tres galanes obsequiando cada cual dos o tres damas a un tiempo y tres damas admitiendo obsequios de dos o tres amantes, son los personajes principales de ella, sobresaliendo entre todos por su carácter marcado, el de la Sra. Gamborino, dama chusca y burlona, el del Sr. Rosal, galán del mismo estilo y el que está a mi cargo, un hidalgo a la antigua, muy miserable y al mismo tiempo enamorado, de lo que resultan escenas tan célebres y llenas de naturalidad, que muy sin justicia se aplaude de la general aceptación. Para dar fin a la

función, anhelando acreditar cuanto desea complacer a un pueblo que tan generosamente le favorece, ha compuesto un sainete, *Un velorio de mondongo*, en el que a más de presentar, con la identidad que le ha sido posible, las escenas que son más frecuentes en semejantes diversiones y que tal vez podrán agradar, he procurado reunir las canciones propias de ellas, las que se cantarán en el orden siguiente: El Sr. García "Yo me muero de amores", [del romance de Castilla "La niña guerrera"], Galino y Gamborino, el gracioso *zungambelo*, García, la célebre tirana de Gitano en la guitarra, conocida por *El calesero*, Galino y Gamborino, la graciosa tonada conocida por *madre mía el gato me araña*, y después, Covarrubias, canta una malagueña. [69]

Es significativo que en 1819 el periódico consigne el *zungambelo*, tan comentado después y otras canciones del repertorio popular, entre ellas, la cantada por Manuel García, quizás con los versos "De amores me muero, madre, de amores me muero yo, los ojos del Conde Alarcos son de hembra y no de varón".[70] Covarrubias inicia con *Los velorios de La Habana* (1818) una larga tradición, al que sigue *Un velorio de mondongo* (1819), recreado por José Victoriano Betancourt en 1838 y saqueado a mansalva por la condesa de Merlín. Velar un mondongo, en opinión de Pichardo en su *Diccionario*, es una costumbre de La Habana vulgar que convierte la ceremonia fúnebre en orgía gastronómica "para cenar mui tarde, beber, bailar..." [71] La intención del cronista es humilde, "pintar aunque con tosco pincel y apagados colores" costumbres urbanas y rurales con el fin de reformas o de "amenizar" las páginas de *La Cartera*.

---

[69] *El Aviso*. 17 de agosto de 1819.
[70] Alonso Cortés, Narciso. *Romances populares de Castilla*. Valladolid: 1906. pp. 16-18.
[71] Pichardo, Esteban. *Diccionario provincial y casi razonado de vozes y frases cubanas*. La Habana: Editorial Ciencias Sociales, 1975. pp. 606-607.

[72] Del mismo modo Covarrubias, quince años antes, presenta con música "las escenas más frecuentes en semejantes diversiones". La melodía es tan significativa como la acción dramática, su velorio contiene "mil gracias naturales y sales cómicas". La comida se arraiga como tema del teatro popular, la fiesta es su entorno y el velorio, un tema recurrente.

El 28 de septiembre de 1819 se escenifica en el Teatro Provisional de Extramuros *El villano del Danubio y un buen juez no tiene patria* de Juan de la Hoz Mota y el sainete *El señorito enamorado*. Covarrubias baila una copla del bolero y con «divertidas escenas», alegre música de aldeanos, interpreta la graciosa mojiganga *El triunfo de Baco*.

El 13 de diciembre sube a escena *El prodigio de Palmira o sea la gran Cenovia* [de Calderón], la tonadilla *El negrito* por Galino, Gamborino, García, Pau y Covarrubias que se encarga del negrito. El 15 han llegado Humberto, físico, acreditado en los teatros de Europa y América y Senesema, joven indiano de Malabar, con un espectáculo afín, *El sueño de Anita*. Humberto hace sus suertes de la gallina invisible, la multiplicación de los huevos y la metamorfosis del reloj y Senesema termina con un gran juego de bolas de oro, el equilibrio *del sable sobre tu frente*, ya que con un anillo en cada dedo pulgar de manos y pies, ensarta con la boca veinticinco perlas, pasa un gancho de hierro de nariz a boca al cual introduce un cordón con una piedra de cuarenta libras que *cambolea* como si nada. A *La esposa amable* siguen los actos de Humberto. Ambos entretienen al público con juegos de manos y difíciles suertes que tanto sorprenden a los espectadores.

Al año siguiente, el inglés Francis Robert Jameson comenta, que después de las incidencias del día no regresa a la Alameda "pues es la hora de ir al teatro" si ofrecen alguna ópera famosa; porque si es una

---

[72] Betancourt, José Victoriano. "Velar un mondongo". *La Cartera Cubana* (1838): pp. 363-368.

"comedia famosa" se la deja a la gentuza". [73] La descripción de su visita parece calcada de un anuncio, *verbatim* o la inventa, pues como no es ópera por lo que cuenta, no debe haber asistido. Sin embargo, sus datos se corresponden con los de los historiadores.

> Es costumbre reservar un palco para la temporada, o por un período de tiempo determinado, tres o cuatro meses antes, de lo contrario se queda uno sin localidad. Se pagan cuatro reales por la entrada en la puerta exterior, y después una suma adicional de acuerdo con la parte del teatro o la clase de asiento que se elija. La concurrencia es tolerable, y el teatro cómodo, sin ser amplio. Solamente se enciende totalmente en las grandes ocasiones, lo que siempre se anuncia de igual modo que el programa, de esta manera: "Esta noche se ofrecerá al culto y respetable pueblo de la Habana, la famosa y muy admirada comedia titulada *El triunfo del Ave María* en la cual el señor García desempeñará el papel de "gracioso", que tiene muchos diálogos agradables e ingeniosos, y la señora Gamborino tendrá a su cargo la "graciosa", cuyas divertidas observaciones y frases ocurrentes harán la delicia del público".

Con vestuario y escenografía apropiadas, escribe el viajero, "adecuado acompañamiento marcial (el héroe español a caballo), el caudillo marroquí avanza en desafío de los españoles, y el conquistador, con la ayuda del Ave María, le corta la cabeza al moro. Después se brindará la excelente y muy admirada pieza llamada *La restauración de la constitución*, escrita por un eminente patriota [...] Se verán también los

---

[73] Jameson, Francis Robert. *Cartas habaneras. La isla de Cuba en el siglo XIX vista por los extranjeros*. Presentación y notas de Juan Pérez de la Riva. La Habana, separata de la Revista de la Biblioteca Nacional, 1966. pp. 47-48.

retratos de los héroes españoles, Quiroga y Riego, y una procesión del alcalde y otras autoridades. El teatro se iluminará con toda brillantez para brindar la mayor satisfacción a tan respetable público". Ese año la compañía repite los intérpretes del año anterior y entre ellos está Francisco. [74] Representa *San Cristóbal patrono de La Habana* (1820), en beneficio de Juan Pau; *Don Quijote en las bodas de Camacho* [texto de Juan Meléndez Valdés con música de Pablo Esteve] en la que Covarrubias es Don Quijote y Pau, Sancho y *El forro de catre*, donde Manuel García imita a un Don Juliano, vendedor de agujas, pieza de Covarrubias que Millán leyó como libreto Si hay menos datos sobre él o aparece con escasa frecuencia, no es porque no interviene en las representaciones sino que no se ha investigado en profundidad. De igual a igual, Covarrubias actúa primero con Hermosilla, después con Prieto y por último con Pau. Sin embargo, en 1823, lo aqueja una grave enfermedad y debe ausentarse. El 17 de julio sus compañeros le preparan un beneficio pues carece de recursos para afrontarla. Aunque a lo largo de su biografía Millán lo llama «mimado» por el favor del público, a los veintitrés años de trayectoria, no tiene recursos. No gana demasiado en comparación con Prieto o Galino o tal vez lo malgasta. Por fortuna regresa el 8 de enero de 1825, casi al

---

[74] La compañía de 1820 del agente Manuel Arriaza tiene como director de escena a Rafael Palomera y está compuesta por los galanes Carlos Palomera, Ángel Carvajal y José Garza; los característicos Rafael Palomera, Francisco Rojas y Juan Muñoz, los de carácter jocoso, Francisco Covarrubias, Manuel García y Joaquín González, los actores José Jiménez, Manuel Olivares, Santiago Candamo, José Estoracio y Carlos Fedrini, las actrices, Isabel Gamborino, Manuela García, Manuela Franco, Pepita Flores, Francisca Vázquez, Margarita Palomera y los apuntadores, Esteban Villa, Cristóbal Hernández, y Carlos Nadal y la de ópera cuyo director es Nicolás García y su primer tenor, con los actores Juan Pau, Manuel García, Juan Muñoz, Rafael Palomera, la primera actriz Mariana Galino, Isabel Gamborino y Manuela Franco. Maestro de música Santiago Perrosier. Según hoja suplementaria del *Diario del Gobierno de La Habana* en "Repertorio teatral" de Jorge Antonio González.

final de la temporada. Su dolencia requirió un largo restablecimiento que narra «al borde del sepulcro» en una décima.

> Cuando la parca con fiera tiranía
> al borde del sepulcro me impelía
> y a mi indefensa vida dirigía
> de su fiera seguir el golpe insano,
> generosa acudió tu franca mano
> a libertarme de su saña impía
> a tu favor la debo, oh, pueblo habano!
> Mi eterna gratitud está obligada
> a tus dignas, benéficas acciones;
> y aunque he llegado al fin de temporada,
> no queriendo perder las ocasiones
> voy a tener, con alegría colmada,
> el honor de servirte en dos funciones.[75]

Comparte una deuda de agradecimiento con el público aún en sus momentos más difíciles.

---

[75] González y Teurbe Tolón. *Historia...* Ob. cit. p. 80.

5

Entre 1804 y 1841 transcurre la mayor parte de la vida activa del cómico que crea sus propias obras. Un actor que escribe, pero cuyas condiciones como dramaturgo no parecen superar, según sus contemporáneos, sus virtudes como intérprete. La lista de sus obras, recopila hallazgos de muchos investigadores, Bachiller y Morales, Arrom, González, Escarpanter, Trelles, Calcagno y Leal a los que he añadido entre corchetes, mínimas rectificaciones, entre éstas la fecha de una obra desconocida, *Un velorio de mondongo,* de acuerdo con *El Aviso,* repleta de canciones. Estas son, a saber, las obras teatrales de su autoría, bastantes si recordamos que citadas por Bachiller, hay seis, entre éstas *No hay amor si no hay dinero o Doña Juana y el limeño* (1826), según Leal su mayor éxito.

Desbarros de Covarrubias y La feria de Candelaria. Estrenada en el Teatro Principal el 2 de septiembre de 1804.

El peón de tierra adentro, sainete. Teatro Provisional Extramuros, enero 18, 1819. [23 de febrero de 1808].

El chasco de la Sambumbiería de San Lázaro. [Teatro Principal 12 de febrero de 1811].

Las tertulias de La Habana, pieza jocosa. septiembre 20, 1814.

La feria de Carraguao, sainete. Coliseo. febrero 27, 1815.

Este sí es chasco, sainete. Coliseo. septiembre 2, 1816.

Los velorios de La Habana, sainete. Teatro Provisional Extramuros, noviembre 28, 1818.

La valla de gallos en los Baños de San Antonio. Sainete. Teatro Principal, febrero 15, 1819.

Los apuros de un gracioso y comedia de repente. [17 de agosto] de 1819.

Un velorio de mondongo [4 de diciembre de 1819].

Tío Bartolo y Tía Catana, comedia. Teatro Provisional Extramuros, agosto 4, 1820.

El milagro de un santo catalán. Teatro Principal, octubre 23, 1821.

Las virtudes del Zurriago, periódico de Madrid. Sainete. Teatro Principal, noviembre 21, 1822.

El gracioso nuevo de La Habana, sainete. Teatro Principal, junio 21 de 1825.

El forro de catre. Sainete. Teatro Principal, octubre 10, 1825.

Los paquetes y El moribundo, sainete. Teatro Principal, agosto 13 de 1827.

La carreta de las cañas [1830].

Un montero en el teatro o el cómico de Ceiba Mocha, pieza jocosa. Teatro del Diorama, diciembre 7 de 1835.

El mundo acaba en San Juan o el Aura blanca (1839). *El gracioso sofocado*. [*El gracioso o el guajiro sofocado* se representa en el Teatro Tacón el 31 de enero de 1840.

Los dos graciosos, juguete cómico. Teatro Tacón, 15 de enero de 1841.

¿Quién reirá el último o cuál más emprendedor [enredador]? s/f. [76]

Salta a la vista que predomina el tema campesino, abundan los personajes del montero y el peón, se menciona la tierra adentro, la carreta de caña y el guajiro y con la misma insistencia, graciosos, ensayos y comedias, localidades como Ceiba Mocha, San Lázaro, Carraguao y San Antonio, un expendio de zambumbia, un popular baño, ferias y barrios de la periferia. Los periódicos satíricos El *Tío Bartolo*, La *Tía Catana y El Zurriago*, de Madrid, aparecen entre 1820-22, amparados por la constitución de 1812, tal vez fuente de comentarios o escenificaciones ya

---

[76] A partir de "Repertorio teatral 1800-1837". *Cuba en la UNESCO*. "Panorama del teatro cubano" v. 6 (1965). pp. 170-175. Probablemente compilado por José A. Escarpanter.

que *El Tío Bartolo* contiene diálogos entre un cura y un negro. Aunque no se descarta que apoye o contradiga a los libelos –*Tío Bartolo* atacó ferozmente al intendente Alejandro Ramírez– podría referirse a ellos o burlarse. Por lo general son los temas del campo de Cuba que conoció bien como médico.

A partir de la opinión interesada de Millán, admirador y continuador de su teatro costumbrista, algunos de sus contemporáneos y la suya propia en su célebre décima ("Si del teatro nacional soy fundador en La Habana") se construye el mito del fundador del teatro nacional. Pero las valoraciones conocidas no lo ponderan como autor sino destacan sus más notables actuaciones, como guajiro en *La valla de gallos en los baños de San Antonio* y Morales en *Los apuros de un gracioso*. Se le respeta como comediante y se relega como escritor. Su proximidad con algunos sainetes de Ramón de la Cruz, aventuró a Arrom a manifestar que "cambia el ambiente de estas piezas y transforma a payos, chulos y toreros en tipos criollos como monteros, carreteros y peones de tierra adentro".[77] Según este argumento *Los payos en el ensayo* de Cruz se corresponde con *El montero en el teatro* del cubano o *Las tertulias de Madrid* con *Las tertulias de La Habana*. Si esta idea es válida entre 1944 – publicación de la historia del teatro de Arrom y 1975, primer tomo de *La selva oscura* de Rine Leal– hoy parece una noble intención de los historiadores. Cruz escribe más de cuatrocientas obras y solo en tres o cuatro de Covarrubias cree encontrarse alguna semejanza. Así mismo junto a los sainetes de Cruz, interpreta *Los palos deseados, El soldado fanfarrón* y muchos otros de Juan Ignacio del Castillo con locaciones de Cádiz de donde provienen muchos intérpretes. No traslada o copia al calco los personajes de payos, pajes, usías y soldados del gaditano ya que

---

[77] Arrom, José Juan. *Historia de la literatura dramática cubana*. New Haven: Yale University Press, 1944. p. 36.

Covarrubias es original, sino la poética del sainete y algunas temáticas, entre ellas, la meta-teatralidad que llega a los bufos de 1868. Escenifica también los sainetes de Sebastián Vázquez, en los que coexisten personajes míticos como Baco junto a los gallegos, por no decir locura, irreverencia y caos como en la mojiganga *El triunfo del Dios Baco*, emblemática de sus primeros años.

El peón de Bayamo (*El peón de Bayamo* o el *El atajo primo,* puesta en el Teatro Provisional Extramuros el 23 de noviembre de 1820) no parece ser de Covarrubias. Con el mismo título, Francisco Pobeda y Armenteros, el trovador cubano, la representa el 19 de octubre de 1879 en el teatro Lascano de Sagua la Grande. Versa sobre las costumbres campestres, pues *ataja primo* es un tipo de zapateo, baile familiar del guateque campesino.[78] Veintiún años más joven que Francisco, entre sus muchas ocupaciones, Pobeda es actor en el teatro de la calle Cienfuegos, donde la representa. El mismo título integra el repertorio de Santiago Candamo, lo cual no es usual con otras obras de Covarrubias. Ambos pueden inspirarse en *El peón de tierra adentro*, muy anterior. No se conoce en la isla ninguna estancia de Covarrubias fuera de Güines, Matanzas y Trinidad.

Del mismo modo se oscurece su relación con la música, ya que se le atribuye crear el "sainete con música" tomada del "contexto sonoro de la época" [79] pero la definición de sainete, según el Diccionario de Autoridades de 1726, ya es "obra o representación menos seria en que se canta y baila, regularmente acabada la segunda jornada de la comedia". El caricato comienza con obras «musicales» ya que tanto el *Guzmán* como el *Hannibal* son melólogos, en los que la música sin letra glosa o apoya las

---

[78] Arboleya, José García. Citado por Ramiro Guerra en *Teatralización del folklore y otros ensayos*. La Habana: Editorial Letras Cubanas, 1989. p. 126.
[79] Ruiz Elcoro, José Luis. "Surgimiento y desarrollo de la zarzuela cubana". *Clave* no. 3 (2005). pp. 2-24.

emociones del actor en su discurso hablado. Su intención pudo ser paródica. Está registrado canta "La Cirila" en *Las tertulias...*, introduce canciones y tonadas de moda como "Tata, ven acá" en *Los velorios de La Habana* y en *Un velorio de mondongo* varias canciones, "La cachicamba" en *Quién reirá...*, "Las amonestaciones" en *El montero...* sin contar que en *El paquete...* y en *El forro ...* cantaba. "Apuntes para la historia del teatro en La Habana" no es benévolo con su habilidad para el canto. En *Las tertulias...* hizo reír sobremanera por su desentono. Lo mismo se reitera cuando interpretó "El caramelo" en *Este sí es chasco*, "fuera de tono y muy desagradable". El "desentono" no aparece en ninguno de los recuentos biográficos conocidos pero perfila su secreto: trabaja con sus recursos y limitaciones, tiene mucha intuición y se comunica con el público. Pedrell en su diccionario lo considera "compositor de piececitas".

El artículo de *La España Artística* (a ocho años de su muerte) apunta que en *La valla de gallos en los baños de San Antonio*, Covarrubias hace el guajiro jugador, [Manuel] García, el forastero preguntón y Pau, el borracho. Como la tríada reaparece en un texto anónimo de 1812, *Diálogo entre los dos amigos*, presentado como "continuación" y hallado en la Biblioteca Digital Hispánica de Madrid, podría ser de Covarrubias. [80] Si bien no tiene el humor del fundador del teatro cubano, sí el formato de la obra breve para intercalar dentro de un espectáculo de mayor duración así como el personaje recurrente del extranjero inquisitivo. *Continuación del diálogo entre los dos amigos* está firmada por El Tierradentro amigo del taquígrafo y publicada por la Imprenta del Gobierno y Capitanía General en La Habana. ¿Cuál es su trama?

Luis, recién llegado, desea saber más de la ciudad e inquiere con Lucas, conocedor de la situación de la isla, cuya descripción no puede ser

---

[80] *El tierradentro amigo del taquígrafo. Continuación del diálogo entre los dos amigos.* Habana: Imprenta del Gobierno y Capitanía General, 1812.

más patética: la "hacienda" está destruida, "todo va por una rutina" no vieja sino "revieja, es decir, de tiempos antiguos que se adoptaban sistemas tan complicados como absurdos é ininteligibles". Hay una contaduría "con más contadores que dinero que contar" y quienes deben proporcionar al pueblo posibles ventajas, no hacen nada, entretanto "el pobre, el infeliz, el pueblo padece sin alivio." La imagen del nativo es demoledora. Considerarla de su autoría es especular, pero no debe desestimarse, ya que en esos años Covarrubias representa pequeñas obras con Prieto, intérprete de Luis, preocupado por la hacienda y la factoría. Es posible se haya impreso como *El forro de catre*.

Tierradentro es el personaje de otra obra suya, *El peón de tierra adentro*, cuya primera versión es de 1808. Un argumento a favor de Francisco como su posible autor es su falta de brillantez, ya que según Mitjans no aspiraba a un "repertorio inmortal" sino a "satisfacer modestamente los caprichos de las circunstancias" ya que "los escribía de prisa, con más ímpetu de improvisador que reflexión de literato".[81] Tiene en contra la opinión del bibliógrafo Trelles que la relaciona como anónima y lo que es más importante, mi imposibilidad de documentarlo. Ojalá no sea de Covarrubias para no destruir el mito de que el fundador de nuestro teatro es autor de obras desconocidas.

Sin embargo, su diálogo confirma que se concibe para ser representada, sea o no de Covarrubias, y refracta preocupaciones de la sociedad y no sólo de la escena.

D. Lucas. No señor. El que se ocupa en el estudio de la astronomía tiene un lugar muy a menudo para observar los astros... la alameda

---

[81] Mitjans, Aurelio. *Estudio sobre el movimiento científico y literario de Cuba*. La Habana: Imprenta de Álvarez y Co., 1890. Prólogo de Rafael Montoro. pp. 103-104.

intramuros las noches oscuras. Cuando hay luna está algo concurrida, pero ¿de quiénes creerá Vmd.?

D. Luis. De las gentes de más alto carácter.

D. Lucas. Pues no señor, aquellas que, la clase que se cree privilegiada llama de *medio pelo*. Yo he conocido familia, que saliendo a pasearse varias noches de luna a pie, han tenido a menos pasear por la alameda prefiriendo ir por la calle, y digo, por las calles de La Habana.

D. Luis. Jesús, qué preocupación tan ridícula.

D. Lucas. Vamos adelante... En los cafés hay mucha concurrencia; buenos muchachones, de aquellos de capa rota y monterilla. ¿Eh? Con estos se puede tener un rato de conversación agradable, se puede hablar de ciencias, de artes, etc., darán a Vmd. reglas seguras para saber cuando sale la *judía* o la *contrajudía*, el *guanajay*, y otros, y enseñarán a Vmd. la lista de todas las mujeres *buenas* de la ciudad con otras cosas importantes. ¿Qué tal? ¿Quiere Vmd. más?

D. Luis. No, por cierto, ni tanto tampoco... ¿Y el teatro?

D. Lucas. El teatro, junto a la muralla de Paula; ni se ha agrandado ni se ha achicado.

D. Luis. Hombre es Vmd., muy amigo de chanzas.

D. Lucas. ¿Cree Vmd. que es chanza, pues esta noche iremos a la comedia y allí informaré a Vmd. del rejuego que hay entre cómicos y empresarios.

Lucas se despide después de hablar del vicio, la tesorería y la administración de justicia y criticar la Alameda, llena de gente de *medio pelo*. "En fin amigo, nos veremos esta noche para ir al teatro", propone, documentado como está de su situación interna y sus rejuegos.

Aunque definir la temática de sus obras a partir solo de los títulos es una empresa condenada al fracaso, como intuir sus conflictos a través de «desbarros», «apuros» y «sofocos», sobrecoge e intriga por qué ni antes ni después de 1850 se publica una obra suya. Su biografía aclara que compuso *piececillas dramáticas de circunstancias que nuca quiso imprimir*. Pero para enjuiciarlas se requería de la famosa lista que añoraba D. A. F. Con el estado de los estudios actuales y sin una revisión exhaustiva de la prensa, tampoco es posible ir más allá.

¿Y el negrito? Si los textos y sus dotes musicales plantean interrogantes, pues no es cantante sino emplea la música con sentido teatral, su creación del negrito es todavía más conjetural. Ninguno de sus títulos se puede asociar directamente con los esclavos negros. En ellos se nombran decenas de atributos de la tierra pero nunca un calesero, un zapatero, un esclavo, un cabildo, una mulata o un rumbón. Su negrito está bastante desdibujado y se limita al mundo de la tonadilla. A saber interpreta un diálogo con Prieto (14 de diciembre de 1812), la tonadilla *El desengaño feliz o el negrito*, en 1806 y el 16 de enero de 1815 y el *negro gracioso* de *Pablo y Virginia* en 1806 y en 1838. El primero, "cantando y bailando al estilo de su nación" es un diálogo al estilo de los entremeses de Simón de Aguado (*Los negros,* 1602) sobre los amoríos entre Dominga y Gasparillo, enfrentados a la represión de sus amos, en la tradición de Quiñones de Benavente (*El negrito hablador y sin color anda la niña* y *Los sacristanes burlados*) con personajes negros bufonescos, infantilizados y de habla estereotipada. [82] El *neglillo* se ha convertido en *negrito*.

En *Cuba entre cómicos...* se analiza su relación con la tonadilla y dado que no se ha encontrado el texto de *El engaño feliz o el negrito*, se presume una versión de algún sainete de intención pintoresca. Su negrito es accidental (Mary Cruz), ocasional, conveniente y secundario y no se compara con la constancia con la que aparecen en su escena peones y monteros (incluso los mayorales que le escribe José Agustín Millán).

---

[82] Leal, Rine. ob. cit. p. 151.

Tampoco es de su exclusividad. En 1830 Manuel García hace un negrito Candonga en *La cautiva amazona,* acompañado del tiple, y canta *Ea mamá ea.* Hasta María Cañete y Adela Robreño tienen números de *negritos.* Si hubiese que comparar con alguien su creación del personaje del negro, sería con Nicolás de la Escalera, que pintó al esclavo en una de las pechinas de la iglesia de Santa María del Rosario entre 1760 y 1766, ya que el otro es su compañero actor, Ramón Barrera Sánchez, de origen catalán pero nacido en Matanzas, cuyos dibujos, entre otros el "Carro-paraguas para guarecerse la negrada de la lluvia" llamaron la atención de los historiadores aunque pocos establecen que es también actor, dramaturgo, poeta, cantante y decorador. En 1839 Barrera actúa en el Tacón en *Catalina Howard* así como publica y estrena en 1856 *Monsieur Godard y un guajiro o la ascensión peligrosa.* No es con Landaluze con el que Covarrubias tiene afinidad pues sus negritos no tienen un papel preponderante más allá de las tonadillas.

Sin embargo, para muchos autores es un antecedente del teatro bufo. Ichaso habla de una vida llena de anécdotas «chuscas», porque en terreno desconocido, llenamos los vacíos con nuestras expectativas. Al crear personajes populares, es un precursor del teatro integrador del baile, el canto y la caricatura, como argumenta Eduardo Robreño y avizora o sueña Gerardo Fulleda León en *Plácido,* al intercalar una escena del «negrito y el gallego», atribuida a Covarrubias, donde intervienen la negra liberta Mamá Inés y el músico Jesús. El poeta Plácido, inconforme con esa imagen, dice: "es hora que la realidad entre en escena y rompa los decorados de cartón y los gestos de pacotilla".

También el baile es fundamental en su desempeño y el dibujo de sus personajes. En 1806 *El desengaño...* termina con el *sonecito* "La morenita" en el que todos bailan, a veces una copla del bolero o ejecuta el zorongo solo o acompañado.

Cuando Prieto vuelve de México en 1829, deportado, encuentra en el Diorama a Diego María Garay, un rival mucho más joven que en 1822 sacudió la isla con el «plan Garay», ampliamente comentado por *El Revisor Político y Literario*. El teatro de la calle Cienfuegos está dirigido por Francisco Pobeda y Armenteros, el trovador cubano, autor de *El peón de Bayamo* ¿variante del de Covarrubias o su réplica? con la salvedad de que si las décimas de Covarrubias son de dudosa calidad, Poveda es un reconocido poeta, muy popular a pesar de su escasa instrucción. Prieto no tiene cabida en ninguno de ellos, al menos con la preponderancia de 1810 y aunque dirige en el Diorama, se percibe como una figura anticuada y vencida por los nuevos tiempos. La última noticia sobre su labor en la isla es una gira a Matanzas que transcurre entre el 6 de noviembre y el 1 de diciembre en la que intervienen Rosa Peluffo, Teresa Canal, Carolina García, Petra Flores, Javier Armenta, Antonio González, Félix Soloni e Ignacio Echezábal, a la que debe haberse integrado su hermano Manuel. Representan *El sí de las niñas* y *El aviso a los casados*. El teatro ha empobrecido por las desavenencias e intrigas de los cómicos, pero Pascual Ferrer, en un diálogo imaginario, avizora la solución. Nombrar a Covarrubias como su director. Con nombre propio, recomienda al comediante anónimo que elogió veinte años atrás para que contagie al público con el entusiasmo de sus beneficios.

D. C. Mire Ud., yo no temo aventurar una opinión que tal vez parecerá extravagante, pero que en mi concepto tendría buen resultado. Si se trata de atraer las gentes, de hacer numeroso el concurso y de que los cómicos tengan que comer, el único arbitrio es entregarle el teatro a Covarrubias.

D. D. ¡Hombre de Dios! ¿qué es lo que Ud. dice? ¡a Covarrubias!

D. C. Sí señor, a Covarrubias. ¿Se espanta Ud. de que lo proponga para director de la escena?, pues no sería la primera vez que lo fuese, si no en el nombre al menos en el efecto, y a fe que sus compañeros y él no hicieron mala cosecha. Que se le encargue de la elección y la disposición de las funciones, que tome el mismo empeño que pone para arreglar sus beneficios, y verá Ud. si acude la gente. Las follas, los vuelos y la bulla atraerán la concurrencia, se llenará el teatro para ver disparates escénicos, y Ud. y yo seremos los primeros en llevar a nuestros hijos para que vean títeres y volar los elefantes. Los aficionados volverán a acostumbrarse a asistir a las comedias, el atractivo de la reunión hará que continúe la concurrencia, y tendremos esa distracción por las noches, hora en que no sabe uno que hacerse.[83]

El caricato asegura el entretenimiento y llenará las funciones si traslada al público su embullo. A Covarrubias le quedan sus mejores años. El 29 de mayo de 1830 firma con Diego María Garay un contrato de arrendamiento del Diorama, inaugurado por Garay al convertir en sala de espectáculos el edificio creado por Juan Bautista Vermay. Ese año representa *La brevedad sin sustancia*, unipersonal de tres cuartillas. En un corto periodo de tiempo, el actor pasa de la loa al sainete, el entremés y la tonadilla, envuelto en una capa, mientras muda siete veces de traje "con precipitación, solo quitándose un vestido para quedar con otro, pues la gracia consiste en que haga lo más pronto posible."

Después de hacer una reverencia, dice:

Voy a ver si los divierto
yo solito aquesta vez

[83] *El Regañón...* Ob. cit. p. 464.

representando yo mismo
comedia, sainete y entremés. [sic]

La versión, hallada en una colección de obras áureas, en Sucre, Bolivia, y publicada por Pliegos Volanderos,[84] se corresponde con la imagen de Covarrubias, acostumbrado a utilizar el traje como complemento crítico de su actuación. Una maravilla de síntesis, concebida para el lucimiento del actor, logra en veinte minutos o quizás menos, pasar de la loa al sainete y parodiar la obra sin contenido o sin sustancia precisamente a partir de la comicidad de carecer de ella. El entremés son tres brincos, el sainete, una carta, la tonadilla, una rima y la comedia, de mayor extensión, apunta la relación entre Inés e Hipólito de Castalia en quince versos. Aunque es una joya y ojalá la haya representado Covarrubias, quizás hizo una versión más cercana como *El entretenido o la brevedad sin sustancia* (1813), más pobre, o el final de *La visita de duelo*, de Ramón de la Cruz (1769) donde en actor se presenta como miembro de la compañía de Gabrielito de Andújar.

Ese mismo año interpreta con Rosa Peluffo una obra de su autoría, *La carreta de las cañas*, de 1830, conocida a través de la décima en la que invita, sobre todo a las mujeres, a asistir a su beneficio y le agradece a la actriz su «coqueta». Aunque aparece como el infaltable gracioso, es actor de reparto y no estrena muchas obras propias. Su prestigio sigue en aumento y el canario Miguel J. Orihuela, El duende de las Antillas, le dedica en 1834 *Los portales del gobierno*.

El Diorama estrena nueva pintura, mejoras en el enrejado del pórtico y el despacho de boletines, aunque nunca perdió, según Lucas Arcadio Ugarte, su "irregular figura", concebida para otro propósito.

---

[84] "El sainete unipersonal intitulado La brevedad sin sustancia". Eichmann Oehrli, Andrés. Ed. Pliegos Volanderos de GRISO, Universidad de Navarra.

Diego María Garay, María Cañete, Andrés Castillo y Covarrubias representan un sainete de 1813 *El alcalde toreador* (Diego hace el majo y Covarrubias, su primera espada), para trece personas donde se ejecuta una corrida «real» de toros.

Entre los años de 1835 y 1837 aparece en los repartos del Diorama y el provisional de Extramuros en una continuada y frenética labor de la que se destaca *La cuarentena*, en beneficio a Ignacia Cabrera, *La familia del boticario* de Bretón de los Herreros, *Maleck Adhel,* del Duque de Rivas, como característico, junto a Josefa Duvrevil, Juan de Mata, Diego María Garay y Antonio Hermosilla, entre otros, con *El gastrónomo sin dinero*, de Ventura de la Vega y *El beato Lucas*, en cinco actos, "enmendado y corregido después de algunos años de proscripción". En enero de 1836 es Eslot en *Polder o El verdugo de Ámsterdam* de Víctor Ducange, trabaja en *Los importunos*, de Moliere y en febrero de 1836, con Alberdi, en *El hombre de la selva negra y La florentina.*

El 2 de abril de 1836 la compañía está integrada por las actrices Manuela Molina (primera dama), Josefa Alberdi, Matilde López, Manuela Franco, María Requejo (bolera) y Enriqueta Torres y los actores Antonio Hermosilla (director y primer actor), Juan de Mata (barba), Tiburcio López (director de bayle [sic] y partes de verso), Antonio Méndez, José Ángel Fidalgo, Ignacio Echezábal, Rafael García, José Uguet, Juan Bautista Reina, Esteban Villa, Pedro Poveda, Miguel Ojeda, Diego García, Antonio Villa. Firma el anuncio Francisco Marty y Torrens. Covarrubias es el gracioso. También actúa en el teatro de Jesús María, donde dirige una función extraordinaria de *La familia del boticario*, de Bretón junto con *Macías*, de Mariano José de Larra. El 21 de marzo de 1837 representa *Del rey abajo ninguno y labrador más honrado García del Castañar*, de Rojas Zorrilla, en el personaje de Bras y el sainete *El payo de la carta*. Ese año con Gregorio Duclós, *El valiente justiciero y el rico hombre de Alcalá*, de Agustín Moreto y *La vida es sueño*, de Calderón.

El 15 de abril de 1838 se inaugura el Tacón, que antes abrió para bailes de máscaras. El joven inexperto que comenzó en una gradería ruinosa, ahora un veterano de más de sesenta años, estrena en el mejor teatro de la colonia. Figura en el reparto de *Don Juan de Austria o la vocación* en "traducción hecha por Larra, el maravilloso Fígaro, donde se distinguió el gran actor cubano Francisco Covarrubias," afirma Roig de Leuchsenring, sin más. Más de un siglo después no se sabe en qué papel y en cuáles circunstancias. [85] Eduardo Robreño (1961) consta el dato y Leal afirma que con su presencia "da un toque de cubanía a este teatro".

Actúa en las comedias cubanas *No quiero ser conde*, de Ramón Piña, estrenada el 18 de enero de 1838 y más consecuente con su trayectoria y afín a su personalidad, el 9 de agosto en *¡Una romántica!*, de Juan Covo, como Cleofás, padre de Clara y Concha, interpretadas por Rosa Peluffo y Mariquita Cañete, en el beneficio del esposo de la primera, Francisco Armenta, un personaje intrigado por la conducta errática y difícil de su hija, víctima de la locura del romanticismo. Integra también el elenco de *Carolina o la dicha inesperada*, de Juana de Horta y Fernández, estrenada el 21 de enero de 1839, con Vicenta Lapuerta, María Cañete, Francisco Javier Armenta y una actriz muy mencionada, Carlota López, de diecisiete años, que desaparece con el mismo ímpetu con el que debuta.

Entre 1830 y 1842 Rosa Peluffo y María Cañete son las favoritas. Peluffo perteneció al elenco de El Príncipe y después de actuar en Sevilla y Barcelona, representa con Covarrubias y le proporciona el libreto *Escuela de mujeres* de Moliére con su demostrado interés por obras, refundiciones y traducciones del francés. Se brinda para hacer la «coqueta» de *La carreta de las cañas*. Sus méritos literarios le ganan prestigio en México donde finalmente se asienta. Cañete nace en Granada, allí

---

[85] Roig de Leuchsenring, Emilio. *La Habana. Apuntes históricos.* Tomo III. Consejo Nacional de Cultura, Oficina del historiador de la ciudad, 1963. p. 49.

actúa junto a Pinto, Carlos Latorre y Pedro Viñolas, pasa al Teatro Nuevo de Valencia y después a Barcelona y cuando la contratan en el Teatro del Príncipe, parte a La Habana donde permanece entre 1838 y 1842. Es por cinco años el encanto de La Habana.

No está determinada la fecha de la función con Peluffo pero el programa refiere un dúo de Covarrubias con Manuel García en *El maestro de escuela* y arias de Rossini interpretadas por Manuel Cocco. Obras de concierto que atraen a un público filarmónico, interesado por el violinista, hasta ahora anunciado sin el Antonio. Etapa de difícil reconstrucción, Covarrubias es un pilar, tanto que cuando Luis Victoriano Betancourt en "La Habana de 1810 a 1840", hace dialogar a Mónica y Mateíta, su nombre es tan familiar como el del preferido galán Juan de Mata. [86]

Pues, sí, hija, exclamó Mateíta, lo que eres tú, no sales de los quince.

—Ay ¡Jesús! no digas eso, le contestó Mónica, componiéndose los rizos colorados ya, y poniendo los ojos en blanco. Mira que los arios no pasan por debajo de la mesa.

— ¡Y es verdad! el tiempo se va volando. Parece que fue ayer cuando nos conocimos.

— Vamos a ver: ¿á qué no te acuerdas de la primera vez que nos hablamos?

—Como si fuera ahora: en el Teatro Principal, en uno de los beneficios de Covarrubias.

—Pues mira que te equivocaste, porque no fue en el Teatro Principal, sino en el Diorama.

---

[86] Betancourt, Luis Victoriano. *Artículos de costumbres y poesías*. Guanabacoa: Imprenta de la Revista de Almacenes, 1868. pp. 61-71.

—No señorita. Que me vienes tú á decir á mí. ... con que mi tío estaba colocado en la puerta, y por eso entrábamos nosotras todas las noches. Por cierto que no perdí ni una función.
—Ya se ve, con Garay allí que trabajaba divinamente y con Covarrubias. ...
—¡Qué gracioso era, muchacha! Lo que es como ese...
—Y ¿qué me dices de Hermosilla? Y de Juan de Mata que hacía siempre de barba.
—¡Qué buena compañía! Porque mira: la Molina y sus tres hijas no podían ser mejores; de la Puerta no se diga nada, y lo que era la Alberdi.... todavía tengo yo guardados algunos sonetos que le *sacaron* sus enamorados.

Sin embargo, ni siquiera sus contemporáneos amantes del teatro popular o los costumbristas en sus publicaciones, entre estas la *Revista Pintoresca del Faro de la Habana*, *La Semana Literaria* o *La Cartera*, dedican comentarios críticos a su quehacer como actor.

En 1840, agobiado porque no encuentra la obra apropiada para su beneficio, el gallego Bartolomé Crespo y Borbón le escribe *A que me paso por ojo o Apuros de Covarrubias* con uno de sus seudónimos, Anfibio. Quizás no firma Creto Gangá porque la pieza está en la cuerda de *El chasco o vale por mil gallegos el que llega a despuntar* acreditada como Crespo. De acuerdo con la estudiosa Mary Cruz, el caricato informa de sus contratiempos en el *Diario de La Habana* del 11 de enero, con el título "Gran función a beneficio del que suscribe para el 13 del corriente". Covarrubias dice con sinceridad que "jamás tantas incidencias poco felices se han reunido para entorpecer la mejor combinación de mis anteriores beneficios como he experimentado en el actual". Sus repetidos chascos se debieron a que a medida que elegía una obra, los actores que le precedían la escogían para ellos. Desde septiembre esperaba por la de un amigo y la fecha se postergaba. El 13 hay más aclaraciones. La pieza que escenificó ese otro desconocido actor es *No ganamos para sustos* y la prometida y nunca remitida es *¿Quién bautiza este niño?*, ambas de Manuel Bretón de los Herreros, por la que espera tres meses. Informa en su comunicado que ha vivido "las fatigas, obstáculos y sobresaltos que pasa un actor para arreglar una función que agrade y corresponda a un pueblo culto como La Habana."[87] Afortunadamente Anfibio lo salva del desastre.

---

[87] Cruz, Mary. *Creto Gangá*. La Habana: Unión. 1974. pp. 39-41.

6

Entre los años 1841 y 45 la *Revista de Teatros* denuncia "la inacción y el desaliento en que yace el teatro de la Habana". Aunque la publicación madrileña brinda un panorama muy pobre de la vida teatral (en diciembre mientras se representa *Los dos sargentos franceses* y *El mágico de astracán*, hay solo un "drama del día", *Rita la española*, traducida por Gerónimo de la Escosura), *La Habana en 1841* certifica que hay tres teatros abiertos: Tacón, Diorama y Principal y una afición ávida y entusiasta. [88] Sin embargo, el corresponsal de la *Revista* implora al general Jerónimo Valdés "amparo para el teatro de la Habana": ¡Ojalá podamos decir algún día: Tacón edificó el teatro y Valdés le dio vida templando la gula del censor!" Para González del Valle, que recorre casi todas los estrenos del año, la predilección de los habaneros por el teatro es extraordinaria, a propósito de lo cual Miguel de Cárdenas y Chávez, anota que:

> Hasta 1830 no se había publicado más que uno u otro ensayo dramático pero con la irrupción del romanticismo, se han escrito en diez años solo en La Habana cerca de ochenta piezas dramáticas que a excepción de *El conde Alarcos*, del joven Milanés, *Pedro de Castilla*, de Foxá, *Cora* y *Ginebra*, quedaron del todo oscurecidas...[89]

---

[88] González del Valle, Francisco. *La Habana en 1841*. Oficina del historiador de la Ciudad de La Habana. Colección Histórica Cubana y Americana 10, 1952. Ordenada y revisada por Raquel Catalá. Digital, sin paginación.
[89] Cárdenas y Chávez, Miguel. "Literatura cubana". *La Prensa* del 29 de octubre de 1841. Citado por González del Valle.

Es el mismo argumento del articulista de la revista, cuyas iniciales deben ser M. de C. y G.,[90] que explica, con criterios muy similares, que las obras se encuentran «oscurecidas» por la tendencia de la crítica al sarcasmo y la descalificación.

1841 es un año capital en la trayectoria de Covarrubias, no sólo porque está en la cúspide, sino porque González del Valle detalla las ocurrencias del corto periodo y resalta sus valores. [91]¿Acaso Tomás Agustín Cervantes, tan prolijo en anotar fechas de bodas, nacimientos, fallecimientos, arribo de barcos, funcionarios, mariscales, incendios y tramas políticas, registró alguna representación? Sus crónicas, publicadas póstumamente, no recogen ni una sola. [92] Sin embargo, 1841 –para muchos el año de la bailarina austriaca Fanny Elssler– es el gran momento del cómico, que como manifiesta del Valle, "domina" la vida teatral. Funciona el gran Diorama en la calle Industria, está abierto y rutilante el opulento Tacón y el Principal continúa su andadura operática. Para del Valle, es algo más que un actor de renombre, representa "el espíritu criollo" y debe los aplausos recibidos tanto a los méritos propios como "a su condición de cubano que aprendió por sí solo el arte escénico, llegando a ser el primer "gracioso" o "gracioso absoluto" como entonces se decía, de cuantas compañías teatrales de verso actuaron en esta capital a partir de 1800. No hubo ninguna que no lo llamara a trabajar con ellas." Al convocarse una suscripción pública para imprimir su litografía, el apoyo sobrepasó las expectativas. Hasta los folletinistas se atreven a solicitar cómo debía ser retratado. Lucas Arcadio Ugarte,

---

[90] [¿Manuel Costales y Govantes?] "Literatura cubana". *Revista de Teatros*. V. I [1841-42] (12) pp. 181-184. Colección de la Universidad Complutense en Hathi Trust.
[91] González del Valle, Francisco. *La Habana en 1841*. Ob. cit.
[92] Cervantes, Tomás Agustín. "Crónicas inéditas de Cervantes". En *Revista Bimestre Cubana* de sept-octubre de 1915 y en las diversas entregas de *El Curioso Americano* de 1908 a 1910.

cronista de *El Noticioso y Lucero*, Arcadio, quería que apareciese en su traje usual, natural o corriente y que de no ser así, sea preferible el de guajiro, porque a más de que él representa esta clase de papeles con inimitable propiedad, es el más apropósito tratándose de un actor hijo de Cuba y cuyas gracias son muy locales. Se piensa también hacer una colección de sus décimas, que vendrá a ser una reseña de los sucesos más o menos importantes desde hace cuarenta años, porque siempre ha sabido sacar partido de todos los que han ocurrido en la época de sus beneficios. A más del valor que les dará tal circunstancia, estas décimas siempre serán leídas con gusto, unas por los salados chistes que contienen y otras por su mérito en la versificación y belleza en las ideas, como la siguiente que de pronto se nos ocurre"...

¿José Baturone? lo muestra elegante, de traje y camisa de cuello. Quizás su intuición le aconsejó el vestuario apropiado y la naturalidad de la pose. Dicen que permanece hasta fines de 1841 en el Tacón con la compañía española. El 15 de enero celebra su beneficio allí con *El arte de conspirar*, traducida por Mariano José de Larra, junto a *Los dos graciosos*, de su autoría, donde canta *La cachicamba* con María Cañete, bella graciosa pareja de Duclós. La canción comienza "que si los perros (o los bueyes, al decir de otros) no son buenos, la *Cachicamba* lo será."[93] No sabemos nada más de *Los dos graciosos* aunque del Valle reproduce la décima con la que invita al beneficio.

Sin vestirme de mujer,
al oír mi dulce trino,
dirá alguno, lo adivino:

---

[93] Macías, José Miguel. *Diccionario cubano, etimológico, crítico, razonado y comprensivo* ...Veracruz. Tip. de A. M. Rebolledo, 1885

"Es la Borghese o la Ober".
"¡Qué absurdo! ¡No puede ser!,
"No creas eso, majadero"
del sexo hermoso, hechicero,
dirán trigueñas y rubias:
"¡Si quien canta es Covarrubias,
el Salvatori habanero!"

"Esta décima es ingeniosa, linda, como todas las que nos leyó la noche del beneficio del señor Mata, anunciando en persona el suyo"... escribe Ugarte. Covarrubias se refiere a Celestino Salvatori, Eufrasia Borghese e Isabel Ober, figuras de la compañía de ópera italiana que representa en el Principal.

Y así acudan sin querellas
todos con tal desvarío,
que del inmenso gentío
el sofocante vapor
me abrase a mí de calor.
Si no, me quedo muy frío. [94]

La Habana vive el arrebato por Fanny Elssler que baila *La sílfide*, *La cracoviana*, *Natalia*, *La Smolenska*, *La tarántula* y *La cachucha*. Ocho funciones de abonos y dos beneficios. Es para todos, su temporada. Se marcha no solo con siete mil seiscientos pesos, sino le sirven un suntuoso ambigú en el teatro y le regalan una litografía, una obra teatral del citado Ugarte, *Fanny Elssler o los Raveles*, un vals de Ulpiano Estrada y un inspirado sombrero confeccionado por Madame Bovés. En el siglo XX

---

[94] González del Valle. Ob. cit.

merece otra pieza, *La divina Fanny* de Antón Arrufat. Sin contar que en el puesto cercano al Tacón, venden pastelitos *sílfide* y butifarras *La tarántula*.

El 2 de mayo debuta Ramona Fournier, titular junto a Mateo de la compañía española, con *María o la niña abandonada*. Covarrubias es Simón, el maestro de escuela de la aldea; el 23 representa *Los asesinos de Florencia* con Duclós, Mata, Barrera, Armenta, García Duval, Palomera, Peluffo y Cañete; el 3 de junio actúa en *El diablo verde o lo necesario y lo superfluo* –como Alí Emir– y el 19 en otra comedia de maquinaria, *El mágico de Servan y tirano de astracán*, en tres actos, con transformaciones y visualidades de Juan Alersi. Un árbol se transforma en castillo; una mesa con espejo se torna un trono enlutado; un jardín con fuente se cambia por vistosa marina... enumeración que recuerda *El Aviso* de 1819. Pero ahora lo más gustado es un «pastelón» del que salen muchas palomas cuando Covarrubias intenta comerlo.

Temporada variada, incluye al acróbata ecuestre Escopeletti y el repertorio de tonadillas, entre estas la del trípili, gustada en La Habana todavía. En casi todas las funciones baila María de Jesús Pérez, que entre los elogios de muchos y el rechazo de algunos, imita a la Elssler y se llega a nombrar "la sílfide gaditana". El 26 se representa *Cora o La sacerdotisa peruana*, de Ramón Francisco Valdés y el 5 de agosto Covarrubias interpreta *La familia del boticario*, de Bretón y el 12, en su beneficio, *Cuentas atrasadas*, del mismo autor y *Jaleo de Yocó o a un cobarde, otro mayor*. Allí recita "Mis cuentas" y dedica otras décimas, como era de esperar, a la divina. Negados los habaneros a olvidarse de la austriaca, solicitan a María de Jesús nuevos *padedú*.

Aparece junto a Gregorio Duclós –protagonista– como el esbirro Bautislo en *Lázaro o el pastor de Florencia*, de Bouchardy, dirigida por Isidoro Gil en el beneficio de Antonio Rosales, un dramón muy criticado. Su nombre y dirección (San José 97) aparece junto al de los más importantes actores españoles en el Directorio de la ciudad. Y del fastidioso dramón pasa a los sainetes y pequeñas piezas de José Agustín Millán, con el que comienza su extendida colaboración.

Apenas hay datos sobre Millán, salvo que trabajó en *El Avisador*, fue escribiente de la Junta de Fomento, es autor de más de veinte sainetes, la comedia *La aventura o el camino más corto* y varias traducciones, casi nunca sale al proscenio a recibir los saludos, pero aparte de seguirle los pasos de Covarrubias, escribe dos biografías de su amigo. El 27 de julio de 1841 el cómico estrena su *Apuros del carnaval* en el Diorama, dedicado por el autor a la Academia de Declamación y Filarmonía de Cristina, dirigida por Gregorio Duclós desde 1838, sita en la Plaza Vieja y en el Tacón, el 6 de diciembre, *Un chubasco a tiempo* para el beneficio de Rosa Peluffo y escrita para ella, aunque Costales Govantes escribe que "sin la presencia de Covarrubias como Baltasar se hubiese ido con menos aplausos". El 17 *Mi tío el ciego o un baile en el Cerro*, y el 20, junto a *El pintor de su deshonra* de Calderón, *El hombre de la culebra*, el mejor momento de Millán y la plena madurez del comediante.

El hombre... parte de una alarma absurda que corrió de boca en boca. Se decía que una culebra se enroscó en el cuello de un vecino mientras cenaba y el rumor se extiende tanto que muchos llegan al hospital para comprobarlo. María Cañete canta "Las amonestaciones o ¿Quién me ha de querer a mí?" y el beneficiado recita "Ya apareció la culebra". Según el folletinista los actores desempeñan bien sus papeles y el cómico dice al final las décimas con gracia inimitable.

Su intervención, en ocasiones, libra a Millán del alboroto de los inconformes, como en *Un chubasco a tiempo*. Para apaciguarlos, Covarrubias solo tiene que salir a escena. Su simpatía salva obras rechazadas por el público. Otro momento parecido de la temporada ocurre el 29 de octubre con *Los dos amigos,* cuando los aplausos se dirigían a él "y no las chocarrerías de la composición". Durante el escándalo por una obra muy mala, *Wenemaro o las pasiones y el juramento*, de Andrés López

Consuegra, puesta el 15 de diciembre, Lucas de Ariza en *La Prensa* escribe que:

> Durante el alboroto, salió Covarrubias a leer el programa de su beneficio, lo que dio lugar a una escena divertidísima y chistosa en que nuestro primer gracioso tuvo ocurrencias felices que al cabo unieron las voluntades para oírle...

Sobre ese episodio comenta Costales y Govantes en *El Faro Industrial*:

> Nuestro predilecto Covarrubias anunció, como de costumbre, su beneficio. Sus décimas, y algo más que en el momento inventó, conjuraron la tempestad e impusieron silencio, para ser éste sustituido a su vez por la risa que sus ocurrencias causaban.

Su retrato, del que se habla como "de cuerpo entero", está en discusión. El *Diario de la Habana* del 10 de febrero de 1841 apunta que la litografía de la Real Sociedad Patriótica imprimiría doscientos ejemplares en papel de 21 pulgadas, a 170 pesos, con una nota biográfica, para lo que se emitirían ochenta y cinco acciones a dos pesos cada una. El 30 de marzo se ha terminado. Aparece vestido, según la prensa, como don Elías, el usurero de *Muérete y verás*, de Bretón de los Herreros. Si el dato es cierto, tiene en repertorio una pieza estrenada en El Príncipe de Madrid en 1837, que quizás ha representado muchas veces para caracterizarse con ese personaje. En *Muérete...* Elías intenta cobrar la deuda contraída por don Carlos, ausente en plena guerra carlista, hasta protagonizar escenas de gran velocidad y ritmo, como la novena del primer acto, en la que tintero en mano, busca frustrado que le firmen un «recibito» hasta que cae al suelo.

Dos meses después, el 30 de mayo, el *Diario de la Habana* publica "Retrato y biografía de D. Francisco Covarrubias", citada antes, atribuida a Bachiller y Morales o a Antonio Ferrer, puesto que muchos artículos suyos en las revistas españolas están firmados A. F. y porque solo un europeo podría afirmar que:

> Nosotros consideramos a Covarrubias para los cubanos, salvo alguna notable diferencia en las edades, como la celebérrima Mademoiselle Mars para los franceses, a quienes todavía entusiasma y enajena, no obstante su dilatada carrera y la permanencia continua en los teatros de París.

Mademoiselle Mars (1779-1847) y Covarrubias viven en la misma época y trabajan por más de cuatro décadas, pero mientras la francesa ha sido pintada, historiada, homenajeada y sobre ella se han escrito decenas de páginas, siglo y medio después de la muerte del cubano todavía hay preguntas que no tienen aclaración. La Mars fue actriz a secas y Francisco fundó un teatro donde apenas existía un tablado. Nació cuatro años antes de la francesa y representó algunas piezas de Moliére.

Su biógrafo en cambio no lo compara con nadie.

> tenía un talento natural no común y sobrada instrucción para salir airoso en la discusión de cualquier materia: se había dedicado con predilección a la literatura y compuso algunas piececillas dramáticas de *circunstancias* que nunca quiso imprimir, aunque fueron recibidas por el público con aplauso y favor. Si no tuviéramos esos antecedentes para expresarnos así, todavía apelaríamos a las oportunas y graciosas décimas con que anunciaba todos sus beneficios, que eran leídas con avidez y que por lo regular estaban

sembradas de chistes y escritas, si no con todos los necesarios conocimientos del arte, con pureza y corrección resaltando en todas ellas la inventiva más aguda y más despejado juicio.

¿Está vestido como Elías en el retrato? Como siempre se comenta el vestuario irrisorio y absurdo del usurero y las imágenes conocidas muestran a Covarrubias en una postura grave y serena, ¿es el realizado por Baturone o por Mialhe?

En la temporada siguiente está tres meses en Trinidad y en 1843 se desplaza a Regla. El 5 de diciembre de ese año estrena *Covarrubias en el gimnasio* de Francisco Curbia. Del mismo modo que no hay datos precisos sobre la litografía, sus estrenos o sus *piececitas*, apenas se conoce su vida familiar. Millán es parco respecto a su intimidad porque "no puede levantar el sagrado velo que cubre el hogar doméstico". Así todo apunta que casó en 1796 con Tomasa Pérez, pero no tiene descendencia. Refiere su carácter afable y bondadoso y que "no formó parte de las intrigas de bastidores, tan comunes en los teatros", ni conoció el cálculo, sino actuó siempre con espontaneidad.

7

En 1844 algunos de sus compañeros "forman empresa" y lo contratan: *Amor y travesura o una tarde en Bejucal*, de Millán, el 6 de enero; y Pierrot en *Las ventas de Cárdenas,* de Gil y Baus, con el gracioso Joaquín Ruiz. El 5 de agosto, *La guajira* de Millán, el 21 de octubre, el usurero de la lonja en *Dos para tres* de Lucas Arcadio Ugarte, puesta en la que Marietta Gozzo baila una polka y acapara los comentarios. El 13 de noviembre repone con Ruiz *Los abates chasqueados* junto *Apuros de carnaval*, de Millán, «considerada por los inteligentes como una de las mejores». El caricato figura en un gracioso bailable y Ruiz hace un *pas de deux* con una niña. Se presenta con la pantomima y agrada mucho "como era de esperar." Termina con el baile «serio» *Una boda en el barrio del mundo nuevo de Cádiz*, en beneficio de Joaquín Ruiz y María Arroyo. El crítico del *Diario de la Marina* alaba su "amabilidad y condescendencia" por aceptar un papel menor cuando se pondera a los cómicos españoles. La obrita de Millán se trucida porque repite lances y situaciones y no retrata las costumbres de La Habana. Una especie de rutina caracteriza los comentarios. El viernes 13 de diciembre, empieza su beneficio en el Tacón con una sinfonía, le sigue *El hombre misterioso*, de Gil y Zárate, un nuevo y vistoso *pas de deux* de María Arroyo y J. M. Llorente y las muy conocidas *El chasco de un gracioso* y la jota aragonesa. Al día siguiente se escribe que cantó vestido de maja y fue "muy favorecido, como era de esperar".

Los últimos años de Covarrubias son los más desdibujados de su larga y apasionante carrera, a pesar de que en comparación, hay más registros. En 1845 la compañía de Carmen Corcuera en el Tacón lo ajusta junto a Vicente González y el segundo gracioso Joaquín Ruiz y el 14 de enero interpreta *Un concurso de acreedores*, de Millán, que recibe mejores críticas por su "sátira oportuna, mucha intención y fin moral". Representada en el beneficio de Antonio Rosal, junto a *Brígida o veinte años de rencor*, drama francés en tres actos traducido por Rosa Peluffo, reaparece de manera esporádica debido a su edad y a su declinante salud. Separado sin motivos del Tacón, el Liceo Artístico y Literario promueve una suscripción a su favor y un beneficio muy respaldado por el público habanero, aunque se aplaza en dos ocasiones, una de ellas por una gran fiesta a celebrarse en Puentes Grandes el 29 de septiembre. El localista del *Diario de la Marina* escribe: "es un actor jubilado pero sin jubilación porque al cabo de sus años ha venido a encontrarse *in albis* como un buque que requiere de carena". Covarrubias invita al público al Liceo con su décima "El hado cruel y severo".

El hado cruel y severo
con tesón inexorable
me ha perseguido implacable
hasta mi nuevo astillero;
pues cuando en el carenero
mi buque estaba atracado
a carenar preparado,
no hubo trabajo aquel día
y así tengo todavía
el buque desmantelado.
II
Con mi buque en alta mar
sufrí destrozos varios,
que sin muchos operarios
no se pueden reparar
y así por poder lograr
carena buena y entera

con bulla muy placentera
(pues con los de adentro cuento)
acudan ciento por ciento
los operarios de afuera.

III
Tan inmensa vena a ser
esta reunión nunca vista
que no pueden pasar lista
al entrar en el taller;
y así veré con placer
que para que salga entero
mi buque del carenero
por valor extraordinario
viene a servir de operario
todo el público habanero.

Miércoles 1ero de octubre próximo.[95]

El día 3 se informa que la concurrencia fue corta, pero como las entradas estaban vendidas antes, el beneficiado recibió "muestras de delicada atención", eufemismo para comentar la recaudación. También se representaron *Amor y deber* y *El ministro* y actuaron Manuela Abreu, Merced Zarza, Andrés López, Fernando Rodríguez, Lucas Arcadio Ugarte, José Sánchez, Francisco Zúñiga, Becerra y Herrau, todos aficionados. El caricato no se amilana, reaparece... y anuncia para el 25 de diciembre que pondrá en escena *El teatro y la cocina*, de Ramón Piña, el

[95] *Diario de la Marina*. 1ero de octubre de 1845.

autor de *Las equivocaciones*. Lamentablemente faltan los ejemplares a partir del 22 pero de encontrarse sería un eslabón de la «erótica culinaria» como tema de la escena.

Aunque las fechas de Millán hay que tomarlas con reserva, en 1846, "cerrado el teatro dramático", los actores se dispersan hacia otras poblaciones mientras el cómico no puede por su avanzada edad. Aunque fue el «niño mimado» de los escenarios, es un anciano pobre y desvalido que mendiga por caridad sus beneficios. El Tacón ha estado ocupado por las compañías de Corcuera-Argente y los grandes espectáculos con despliegue de la maquinaria de Meucci dirigidos por Antonio García Gutiérrez. No es hasta el 12 de noviembre de 1846 que tiene su primera salida de la temporada con *A un cobarde otro mayor* de Antonio María Segovia después de intervenir en *Macías*. Recibe la misma aceptación. El 16 hace reír muchísimo en *Muérete y verás*, de Bretón de los Herreros, como Elías, con un vestuario aparatoso. "¿Prescindiendo de la parte que le toca del diálogo y de sus gestos y movimientos, quién puede ver su raro traje sin desternillarse? pregunta el localista. El 30 es el usurero de *Un concurso de acreedores*, de José A. Millán; el 8 de diciembre, Bernabé Machete en otra obra de este autor, *La guajira o una noche en un ingenio*; el 9 protagoniza *Los dos preceptores o Asinus asinum fricat*, de Scribe, traducida por Bretón de los Herreros y el 17 actúa en *La familia del boticario* del mismo autor.

Covarrubias destaca por su consecuencia: tiene sesenta y ocho años y emplea el vestuario como en sus inicios. También por la dignidad profesional. Aunque Joaquín Ruiz y Vicente González ocupan el lugar del gracioso, no se deja arrebatar el título ni deja de actuar. Según Carpentier "no comprendía que el tiempo iba descascarando su máscara. Ciertos chistes, ciertas actitudes, sus disfraces, sus entradas generalmente atravesadas de tonadillas habían dejado de gustar y solo hacían gracia a los hombres de su edad, antiguos enamorados de Manuela e Isabel

Gamborino. Era un personaje de otra época."[96] *La Semana Literaria* menciona en su revista a Manuel Argente y a Fabre. El Diablo escribe:

> ¿Y qué hay de teatro? Desde que se disolvió la última compañía cómica española, tenemos el teatro en el mismo lugar que antes, pero mudo como un muerto. Los anteriores empresarios perdieron, los que vinieron enseguida perdieron también, y por ende ningún empresario quiere serlo de teatros. ¿Qué tal? Dícese que el público tiene la culpa. Dícese que los actores no eran buenos, dícese que la estación, pero ¿y el hecho? El hecho es que el teatro se ha quedado para ocupar un puesto y nada más.[97]

El 5 de febrero de 1847 se informa que Manuel Argente, en Matanzas, lo acepta en su compañía por lo que un jubiloso lector, escribe unos versos al *Diario de la Marina,* firmados por "Un amante del verdadero mérito."

> El Covarrubias, por siempre tú serás,
> el gracioso mejor por excelencia.
> En mí un admirador siempre hallarás
> Que celebra tu mérito y paciencia.

Las noticias son confusas y no parece integrarse a la compañía. El 25 de agosto de 1847 se une a Joaquín Ruiz para hacer *Un cuarto con dos camas* en una función para recaudar fondos para el Liceo en el Teatro del Circo. El 30 de septiembre, junto con *Mateo el veterano*, de Antonio Hurtado, representa *La guajira*, sainete de José A. Millán, en el papel del mayoral

---

[96] Carpentier, ob. cit. p. 208.
[97] El Diablo. Revistas. *La Semana Literaria* t. 2. (1846). pp. 94-96.

del ingenio Bernabé Machete y Rosario Rojas en el de Dionisia. "No obstante su falta de intriga e interés, agrada porque no carece de chiste y presenta escenas locales bien que incompletas y descoloridas". Sobre Rojas se escribe que *d'aprés nature* es todo lo que merece su elogio y de Covarrubias, que no se acuerda de que hace un guajiro.

Sin embargo, el 2 de octubre repite *La guajira* de Millán, el 7 protagoniza *Una mina de oro,* del mismo autor y el millonario de *Un novio a pedir de boca,* de Bretón de los Herreros. "Don Jorge, orgulloso y díscolo, que se bate por la menor simpleza, apareció vestido con pantalón encarnado, listado de negro, levita de dril y corbatica punzó", escribe el gacetillero el 9, en clara alusión a esos logros suyos con el traje. La imagen visual estaría descascarada pero no la concepción. El 21 de octubre interpreta *Muérete y verás,* de Bretón, junto con Argente y Barrera con el que hace *Un tío en Indias,* pieza en un acto de Scribe. El 24, en el beneficio de Isabel García Luna, repite *A un cobarde otro mayor,* abundante en *sale*s cómicas; el 15 de noviembre, *El recién nacido* y el 21, *Mi despedida,* ambas de Millán, la última, una fantasía lírica. Los años 1846 y 1847 son demasiado pobres en registros, quizás deambula por los teatros del interior.

Covarrubias integra el 24 de enero de 1848 el elenco de *Amor y guagua,* de Millán, con González, Barrera, Uguet y Cresj, en beneficio de Rosario Rojas. El 11 de febrero se anuncia junto a Joaquín Ruiz, Vicente González y José María Llera, cómicos destacados de la península, en *El atroposenyo o el resucita muertos,* a beneficio a Antonio Meucci, junto a *Un casamiento con la mano izquierda,* de Mariano Roca y *El maestro de escuela,* de Juan de Peral. Meucci es el maquinista estrella del Tacón quien se comunica con su esposa Ester, sastresa, mediante el aparato que lo hará célebre.

Manjar blanco y majarete de Millán, competencia jocosa y trivial entre los sabores de dos postres, se estrena el 14 de febrero de 1848 en un programa junto con *Gabrina o el corazón de mujer*, traducción del propio Millán, autor de *Manjar...*, con un reparto estelar en el que figura Manuel Argente y la actriz codiciada del momento, Isabel García Luna. El localista comenta en extenso su montaje pero es muy severo con el sainete y no repara en Covarrubias a pesar de que el 11 le recordó a sus lectores que es el "papá del teatro habanero", "ha entretenido a tres generaciones" y solicitarles que acudan al teatro ya que "ahora más que nunca necesita de su favor, está enfermo y en el ocaso de su carrera".

El 19 de agosto se representa *Un velorio* en *Jesús María* de Millán, pero el anuncio refiere solo las canciones interpretadas por Juan de Mata, (Simón) que en "La plaza" imita a los pregoneros de frutas, carne y pescado; Ramón Barrera, (el catalán Mateo Tablitas) y Ventura Mur (¿Chona?), que canta "El café de la esperanza". Covarrubias es quizás Jeremías, el dueño de la casa, viudo y pobre, que ha perdido un hijo de un *empacho* de guayaba. Al otro día la atildada Felicia, la escritora Virginia Auber, comenta que es "tan graciosa, tan ligera, tan local, que triunfó del fastidio del público después de *Luisa o las dos rivales,* de [Salvador] Palomino".

Figura también en la compañía de Antonio Rosal en el Teatro del Circo, abierto en 1847, junto a Josefa García, Matilde Domínguez, Adela y Fernando Martínez como primeras figuras pero no es hasta el 4 de octubre que aparece en *Los penitentes blancos*, traducida por Patricio de la Escosura, también abundante en *sales* cómicas y en el *El padrino*. Es la primera salida del año del "anciano querido y achacoso" que el público recibe exaltado a pesar de sus "alusiones no decorosamente admisibles" [sic] como padre del recién nacido. El anuncio destaca su presencia por primera vez en ese teatro en las "escenas saladísimas" de la obra.

El 8 de octubre se repite junto a *El velorio*... ¿*El padrino a mojicones*, de Martínez Villergas? [98] Escribe el localista que "por primera vez en este año se presentaba en la escena habanera el gracioso querido, que trabaja aún para ganar su vida. La concurrencia no era tan grande como se esperaba a causa del mal tiempo, desde por la tarde empezó a lloviznar, pero el entusiasmo era inmenso. Apenas se presentó el antiguo actor, le saludó el público con extraordinaria exaltación y continuó obsequiándole incesantemente hasta que concluyó la función". El 21 de octubre participa en *Dos para tres*, de Lucas Arcadio Ugarte, como el usurero de la lonja. Marietta Gozze baila una polka y hay un discurso inaugural del señor Millán. El 24 actúa en *La familia del boticario*.

Escribe el localista:

El buen éxito de los beneficios de Covarrubias es proverbial en La Habana donde ningún artista ha conseguido tantas simpatías como él ni las ha conservado por más tiempo: cuarenta y cinco años hace que el público habanero, renovado en dos generaciones, saluda a este actor cada vez que aparece en escena, disimulándole, como amigo cariñoso, las faltas que la vejez y los achaques producen necesariamente. Es de creer que este año no será el público menos generoso... pues nunca ha necesitado más Covarrubias de su favor, agobiado por los años y los males, trabaja por necesidad, para no perecer o ser gravoso y sin embargo, siente una necesidad urgente de reposo. [99]

---

[98] *Diario de la Marina*. 7 de octubre de 1848.
[99] *Diario de la Marina*. 2 de noviembre de 1848.

El 22 de noviembre de 1848 invita a sus admiradores a "su último beneficio".[100]

> Mañana es el beneficio de Covarrubias y notamos un embullo de buen agüero, que nos hace creer no saldrán fallidas las esperanzas de que el público de quizás la última prueba de cariño a su antiguo y querido actor. Mañana en la noche debe estar el Circo favorecido como nunca, porque en verdad no se le ha ofrecido más escogida función ni un objeto tan santo. Covarrubias, en el ocaso de la vida y con bien mala salud, expresa con sentimiento en la siguiente estrofa de sus décimas el temor de no volver a verse en la necesidad de implorar el favor del público.

Y pues ves que te aseguro
y es muy fácil se comprenda,
que presentarte otra ofrenda
no es para mí muy seguro,
con entusiasmo el más puro,
oh, pueblo, siempre propicio,
de tu protección indicio
a darme este día ven:
mira que puede muy bien
ser mi último beneficio.

El *Diario...* omite la quinta y la sexta estrofas de esas décimas, quizás porque el redactor Emilio Bravo ha confesado en otra parte que no lo considera un gran actor. *La Gaceta de la Habana* las publica en extenso.

---

[100] *Diario de La Marina.* 22 de noviembre de 1848.

Otra vez pueblo habanero
al anunciar mi función
he creído y con razón
fuese mi anuncio postrero
mas yo, que soy agorero
y la razón que he tenido
atiende y te lo diré.

Culmina con la más conocida:

En un circo que de Marte
En el campo se formó,
Mi carrera principió
En el dramático arte:
Ya de ella en la última parte
A otro nuevo circo paso,
Y esto que parece acaso,
Será– el destino intente
Que en un circo sea mi oriente
Y en otro circo mi ocaso.[101]

Vestido con uno de sus acostumbrados trajes fantásticos y recibido en el Circo con una tempestad de palmadas de más de un cuarto de hora, la "despedida eterna" está en el ánimo colectivo. "El aplauso espontáneo, hijo del afecto, hace brotar las lágrimas de los espectadores", escribe el *Diario de la Marina* el 24 de noviembre. Se representa *El novio de Buitrago*, de Hartzenbusch, con Adela y Fernando Martínez, quien después de Hermosilla "no tiene rival en la comedia de costumbres" y *Los sustos del*

---

[101] Bachiller y Morales, Antonio. *Apuntes para la historia...* ob. cit. pp. 53-55.

huracán, de Millán, celebrada a medias por sus equívocos y alusiones picarescas pero con chistes no muy aceptables y los reproches de siempre, que no es seria. Una semana antes, el localista recomendó al público respaldar al comediante y lo consigue: el teatro está completamente lleno de familias distinguidas. Es el único de los nacidos en la isla que desde 1801 ha hecho "las delicias de sus habitantes" pero ni por eso Marty, el empresario del Tacón, cancela la función de *Caín pirata* para facilitar la entrada del público que quiere aplaudirlo.

8

Covarrubias no sólo ha hecho famosas canciones, tonadillas y décimas, sino que establece una comunicación tan viva con el público que este admite y aplaude todo lo que hace. De eso no se percata Emilio Bravo, recién llegado, que escribe sobre él con una actitud lastimera. Tal vez al cómico le falla la memoria o sabedor de su aceptación, interpreta con su *marca*, sin reglas ni patrones, pues los habaneros asisten para disfrutar de sus ocurrencias. Necesitado de representar, el espectador lo apoya en su acto final. No tiene sustituto en el aprecio y la popularidad. Es una relación que Francisco Ichaso comprendió bien cuando, a propósito de aquel traje de Herodes, escribe que "era tanta la estimación de que gozaba, que los espectadores no tardaron en reportarse, tolerándole el desaguisado de indumentaria en gracia a las excelencias de interpretación".[102] El 28 Covarrubias escribe un agradecido comunicado a los habaneros. [103]

> El miércoles 22 de noviembre de 1848 será un día de muy grata memoria para mí en el resto que me queda de vida: en él tuve la gloriosa satisfacción de ver que en circunstancias de hallarse el teatro nacional desgraciadamente poco favorecido, a un llamamiento mío acudió con generoso y decidido interés lo más granado y escogido de la aristocracia a honrar mi función y en seguimiento de ella un numerosísimo concurso de la apreciable clase media y de la modesta clase pobre rivalizando todos en deseos de manifestarme su general aprecio, así es que al presentarme en escena, en medio de aquel

---

[102] Ichaso, Francisco. "Nuestra escena". *Diario de la Marina*: *número centenario*, 1932. pp. 163-164.
[103] *Diario de la Marina*. 28 de noviembre de 1848.

entusiasta y benévolo acogimiento con que todo el concurso en general me recibió, al ver yo las afectuosas demostraciones de los personajes ilustres y de la más elevada clase mezclarse con la mayor armonía, en mi obsequio, con las de la clase más modesta y pobre de la sociedad, las vehementes y tiernas emociones de gratitud que en aquel instante rebosaban en mi corazón, yo no podré describirlas, pero si puede comprenderlas muy bien todo el que tenga un alma agradecida y sensible y considere que a los setenta y cinco años de edad y agobiado de males, recibí en aquel momento la prueba más irrefragable [sic] de que todas las clases del generoso pueblo a quien he tenido el honor de servir por tantos años, me conservan con el mismo entusiasmo las protectoras simpatías con que me favorecieron en mi primera juventud. De lo íntimo del corazón doy a todos las más sinceras rendidas gracias por tan extraordinarias y constantes bondades, y ya que no me es posible recompensarlas, séame al menos permitido manifestar en público mi eterna gratitud, ínterin dirijo mis fervientes votos al Supremo Hacedor para que colme de felicidades a todos los habitantes del querido pueblo que me vio nacer y que siempre ha protegido y protege a Francisco Covarrubias.

A lo mejor realizó un esfuerzo superior a sus fuerzas porque el 2 de diciembre se informa que ha estado enfermo de gravedad, pero afortunadamente fuera de peligro. Aparece anunciado en el Tacón el 7 como el Ropa vieja de *Marta la Romarantina*, comedia de magia que interpretó a los veintitantos años, puesta con más lujo y con danzas coreografiadas por Francisco Piátoli. Sin embargo, para el gacetillero es un "comedión disforme, divertido a fuerza de no serlo y original por todos los sentidos", aunque el tema que ocupa a la prensa es el ajuste de Isabel García Luna, cuyas contrariedades la recluyen Matanzas.

El 11 de marzo de 1849 *Aurora* publica que ha tenido el gusto de "abrazar al decano de nuestros graciosos, que ha llegado de la Habana a Matanzas para incorporarse a la compañía de Robreño e Iglesias..." Sin embargo, al menos *La Gaceta de La Habana* no comenta esas actuaciones. Se sabe asiste a una función de Adela Robreño, de nueve años y le augura en décimas un porvenir brillante. Adelita le pide que las escriba, las guarda y da a conocer en 1858 con motivo de una actuación suya en el Liceo. No es es hasta abril, que la publicación llama la atención sobre Covarrubias:

> Hemos podido colegir que los formadores de la actual compañía cómica [...] no han contado con el señor Covarrubias. A la verdad jamás esperábamos que este antiguo y apreciable actor fuese olvidado. El decano de los teatros de la isla de Cuba, nunca estará de más en ninguna compañía, así por sus numerosas simpatías como por sus indisputables conocimientos escénicos. Nosotros sentimos tanto más este desdén, cuanto que nos es notoria la estrechez de la situación en que se encuentra el estimable gracioso, digno sin duda de mejor suerte.[104]

Es triste. El *Diario de la Marina* dedica a la pareja de prestidigitación Macallister la crónica que merece Covarrubias. *La Gaceta...* pregunta sobre "la incertidumbre de la compañía dramática bajo la dirección de Fernando Martínez", desea saber si son erradas "las conjeturas con respecto a no estar ajustado el Sr. Covarrubias". Pero no lo son. Bajo el subtítulo "El Sr. Covarrubias", se escribe el 22 de abril: "Casi podemos decir ya con seguridad que no se ha contado con este actor para la organización de la compañía dramática [...] Sin pretender nosotros

---

[104] *La Gaceta de La Habana*. 18 de abril de 1849.

penetrar en los misterios de bastidores, y respetando las conveniencias de los formadores; no vemos que el Sr. Covarrubias pueda ser jamás un elemento de mal suceso en ninguna compañía, sino que juzgamos, por el contrario que sus simpatías y capacidad la harán prosperar en todo tiempo, por consiguiente insistimos en compadecernos del olvido en que se ha echado el mérito de nuestro antiguo gracioso".

El 8 de mayo se informa: "Podemos asegurar que ni los esfuerzos de la prensa, ni el mérito del señor Covarrubias, ni su situación han sido parte para que la compañía de Fernando Martínez le ajuste; y en este abandono se ha dado á nuestro gracioso una prueba de desapercibimiento [sic] que le ha decidido a dejar la capital para vivir en el campo, por no poder sufragar los gastos de su permanencia aquí. Digno era el señor Covarrubias de otra fortuna, y la Habana que recuerda sus triunfos, la Habana apreciadora de su mérito, la Habana en fin, sentirá, estamos seguros, la suerte adversa de su favorecido".

Su biógrafo escribe "Increíble se hace [...] como pudo aguardar desprevenido el ocaso de su sol sin haber echado antes ni una mirada siquiera al porvenir", pero no se pronuncia sobre la crueldad de la empresa, la escasa solidaridad recibida (excepto de dos o tres amigos, José Robreño, Millán y la actriz García Luna), ni se pregunta sobre la condición marginal de los actores.

La Gaceta de La Habana se dirige el 27 de mayo a la "filantrópica sociedad" del Pilar –que dirige José Sigarroa– para que lo acoja como director de su sección dramática, aunque matiza que no quiere "ni remotamente agraviar ninguna susceptibilidad por delicada que sea, porque cuando se trata de remediar el infortunio de hombre tan meritorio en una profesión, como lo es en la suya el gracioso Covarrubias, todos deben prestarse. De todos modos no aspiramos a mas en estas líneas, que a hacer una indicación en favor de un anciano desvalido y nos prometemos que la corporación a que nos dirigimos sabrá apreciar en su valor, nuestros humanos y caritativos sentimientos".

El 7 de julio informa *El Avisador* que se han repartido los papeles de tres comedias que componen la función en obsequio del actor.

Después de una insistencia feroz de la prensa, el 29 de julio de 1849, "casi sin recursos para su subsistencia", la Sociedad del Pilar lo organiza. "Benemérito fundador del teatro nacional, decano de los actores dramáticos", reza el anuncio, interviene en un personaje chistoso en cada una de las obras. El programa es el siguiente: una obertura por Antonio Raffelin, su vals "El cubano", *El novio de mi mujer*, de Millán y *La homeopatía* y *Mi viaje a las Californias*, de Querubín de la Ronda (seudónimo de Ambrosio Aparicio), la danza del señor Sierra "Los recuerdos de un clavel" y la no menos simpática del señor Benetti, titulada "Las Californias." Covarrubias escribe, como siempre, una décima muy emotiva para invitar al público, en este caso, a su "California". En el imaginario, un lugar promisorio y de oportunidades que terminan ya para él. Otros abordaron antes y después el tema de la fiebre del oro en el oeste de los Estados Unidos como *Tipos californianos*, impreso en 1847, uno de los mejores libros de arte, coloreado por José Baturone y A. Ferrán, de la litografía Marquier. También hay helados *la flor de California* y la costumbre de decir que se ha *metido uno en una California* o ha estado en ella para indicar prosperidad. Creto Gangá ha escrito "Yo me va pa Califoñía" y "Vuelta de Creto de la Califoñía" sobre el mismo tema. Covarrubias dedica su décima al público de La Habana.

Cuando en desgraciada hora,
no habiendo aquí compañía
esperanzas no tenía
de servirte por ahora,
una mano protectora
mi retiro lo fue a honrar

y con bondad singular
me ofreció que en mi reunión
me daría una función
la Sociedad del Pilar.
De tanta filantropía
a su impulso protector
debo solo el alto honor
de servirte en este día:
y al ver en su simpatía
tan espontánea bondad,
mi gratitud, con verdad,
exclama en acento tierno:
"¡Gloria inmortal!, loor eterno
a tan noble sociedad!"
A honrar mi bella función
venga todo el instituto
para gozarse en el trato
de su magnánima acción:

En firme y compacta unión
la sociedad venga entera,
y sea esto de manera
que evadiendo sus negocios
concurran todos los socios
sin faltar uno siquiera.
Del Decano a la función
venga, en bulla apresurada
todo el Cerro, la calzada,
Carraguao y el Horcón
y en fin toda la población,

aunque algo distante sea,
que honrarme también desea.

A mostrármelo se apronte
a todo Jesús del Monte
en mi beneficio vea.
A las Californias hoy,
a mi viaje te convido:
no faltes, pueblo querido,
y acude donde yo estoy;
que aunque a tal tierra no voy,
ni jamás lo pretendía,
si a honrarme
vienes aquí
en una intensa reunión
tú harás que sea esta función
Californias para mí.
Entrada de asiento, 8 reales sencillos. [105]

El público "no desatendió los votos que todos los buenos habaneros hacían por su predilecto Covarrubias. Su beneficio estuvo muy concurrido y el beneficiado hizo reír bastante" se comenta el 30 de julio. Después hay meses de total silencio hasta que en diciembre se informa que Manuel Argente lo ajusta, "cuya noticia nos es en extremo satisfactoria, no solo porque vemos en ella premiados en algún modo los méritos contraídos [...] sino porque asegura precisamente con las simpatías que ha sabido granjearse, el éxito que se promete el Sr. Argente

---

[105] *Diario de La Marina*. "Covarrubias al público de La Habana". 29 de julio de 1849.

con su nueva compañía dramática." Así de inflamadas y retóricas son las notas de *La Gaceta de La Habana*. Los actores de las antiguas compañías como Antonio Rosal, integrante de la de Prieto en 1810 y Manuel Argente, en la isla desde 1844 con Carmen Corcuera, lo buscan, amparan y hacen por él lo que le niegan las instituciones, los empresarios y los recién llegados.

El 2 de febrero *La Gaceta de La Habana* comunica que se encuentra con Argente en Cárdenas desde el 29 de enero y representará al día siguiente *Muérete y verás*, de Bretón de los Herreros y *La guajira* de Millán. Pero lo estremecedor son las décimas publicadas con el título de ¡¡Diez cañonazos que mi buque se va a pique!!, variante de aquel barco destartalado que ahora pide con urgencia socorro y ayuda, en tragicómico gesto, pero sigue en pie, imbatible, en busca de risas y aplausos. [106] Covarrubias ha dicho adiós tantas veces que es difícil seguir su camino, pero esta es, sin dudas, su última décima, con su guiño habitual al «sexo hechicero».

Por primera vez gozoso
deseando hallarte propicio
te ofrezco mi beneficio
¡oh, público bondadoso!
Pero si esta vez moroso
tu protección no destapas
y de concurrir te escapas
a honrar mi primer función,
me dirá cualquier bufón
Al primer tapón zurrapa.

[106] *La Gaceta de La Habana*, 2 y 3 de febrero de 1850.

Esta desgracia tremenda
no la debo yo esperar;
sino que vendrás a honrar
mi grata y primera ofrenda
Y al mirar que sin contienda
no hay otra que la aventaje,
sin que ninguno te ataje
has de decir sin rodeos
que he llenado tus deseos
con mi primer homenaje.

Aunque todo el pueblo entero
para mi función lo cite
mi preferente convite
es a ti, sexo hechicero,
ven alegre y placentero
en tan general reunión,
Que en La Habana, con razón,
repita mi voz gozosa:
en Cárdenas, ni una hermosa
dejó de honrar mi función.

No me faltes, sexo hermoso
que ese es todo mi deseo,
pues lo que es el sexo feo
tras ti vendrá presuroso:
El éxito no es dudoso
Si tú a honrarme te dispones;
pues sí, brillando sus dones,

vienen en grupo las bellas
por fuerza vendrán tras ellas
los hombres en pelotones.

Celebran cual mosca a la miel,
siguiendo el sexo hechicero
desde el viejo más matrero
A el más apuesto doncel
tan sin igual sea el tropel,
que al ver con admiración
tan nunca vista reunión
digan trigueñas y rubias
parece que Covarrubias
da de *guagua* su función.

No de *guagua*, ¡No! y lo siento
que soy franco cual ninguno,
más llevo un año de ayuno,
y necesito alimento:
de la guagua al regimiento
no venga aquí a hacerme daño
que tras de ayuno tamaño
quiero ver en mi función,
aunque me digan glotón
saco el vientre de *Mal año*.

Al fin, pues ves, pueblo amado
que aunque de paso he venido,
por dejarte complacido,
nada que hacer he dejado:

a este actor recién llegado
concede tu grato auspicio,
y demostrando propicio
que el pueblo honrarme desea,
a todo Cárdenas vea
en mi primer beneficio.

Ven pues que me hallo a la fecha
cual buque desarbolado
que en huracán continuado,
corre tormenta deshecha;
y viendo que el riesgo estrecha
en el temporal que corre,
los recursos los recorro
y cañonazos disparo
porque acudan a mi amparo
con las lanchas de socorro.
Mas como ahogándome estoy
y sin pólvora me miro,
un cañonazo es que tiro,
cada décima que doy,
acude a salvarme hoy
de tan tristes embarazos,
y sin demoras ni plazos
pronto el socorro se aplique,
que mi buque se va a pique
pues van nueve cañonazos.

Mi buque desmantelado
se halla en tan triste aflicción

sin velas, ancla y timón
y todo el casco averiado.
Tengo temblor y no flojo,
y pues mira que ya arrojo
el cañonazo postrero,
acuda aquí el pueblo entero
si no *me paso por ojo*.

El 8 de febrero se publica que el día 5 hizo reír muchísimo con el usurero de Bretón y el mayoral de *La guajira*, mientras el desempeño de los demás fue "nada satisfactorio" y por eso el periódico hace silencio. Hubo una concurrencia "regular". El sábado Argente se destaca en *El zapatero y el rey*, de Zorrilla, su obra emblemática y en *El campanero de San Pablo*, de Bouchardy. Pero el beneficio del caricato se aguó y suspende, cae una lluvia torrencial que continúa al otro día. Una noche borrascosa anuncia el primer norte de la temporada. Sobre Argente, se anota con cruel laconismo, que ha corregido su defecto de "silbar las eses". En uno de los entreactos, Covarrubias dice nuevas décimas.

Final patético y tragicómico, pide auxilio, se ahoga al tiempo que recuerda no sólo su año de ayuno, sino *Al primer tapón zurrapa*, *A que me paso por ojo*, y *Mal año*, sainetes que cuentan sus descalabros y apuros. No quiere gente de *guagua*, sin pagar, como al parecer entran los regimientos sino necesita alimento. Triste coda. "¡Diez cañonazos que mi buque se va a pique!" es su testamento, una biografía de pocas líneas en las que a su manera y con estoicismo, recuerda sus avatares y sinsabores y aún tembloroso, dispara cañonazos con sus décimas. Para colmo, invita a su beneficio y cae una lluvia torrencial. Su buque destartalado queda en tierra con el casco averiado y sin ancla, velas ni timón. Reitera su tema preferido, el símil marítimo. De la misma manera que el Coliseo es un barco con la quilla al cielo, su vida es un buque desmantelado en busca de operarios y ahora un navío próximo a naufragar. Covarrubias se asume como antihéroe y figurón ridículo no porque tiene muchos años, sino porque en tiempos difíciles, crea la empatía a partir de su sinceridad. No en balde en 1830 se le «atascó la carreta». No abandona su postura ni siquiera cercano a su final. Tampoco su diálogo con el público, ininterrumpido durante más de cincuenta años, en los que se dirigía, como en una de sus décimas "a toda la jurisdicción", "que nadie excusarse quiera, y en potrero y cafetal/solo quede en día tal/ el negro de talanquera." En el ambiente exclusivo del Tacón –emporio de los adinerados que pueden comprar un palco– le habla a sus admiradores de los barrios de la periferia, Carraguao y el Horcón.

No es sino el 10 de febrero que el *Diario de la Marina* refleja el quehacer de Argente, en Puerto Príncipe un poco antes, y menciona de pasada a Covarrubias. Después de la función de ese día de *Los amantes de Granada*, de Juan Miguel Losada, ambos regresan para intentar actuar en el teatro de Regla. Los Robreño abandonan el Teatro del Circo y se espera que Joaquín Ruiz y Francisco Flores se unan a Argente. El *Diario de la Marina* calla. Bravo, atento al devenir teatral, ha regresado a Cádiz y sus redactores se vuelcan al frenesí de la ópera. En Cárdenas Argente quiere reclutar actores, pero fracasa su intento de formar compañía ante la negativa de Ventura Mur y decide partir también a México. El 22 de marzo se despide desilusionado. "Mis ardientes deseos se han quedado sin cumplir". Su carta se comenta en los periódicos mexicanos, asombrados de su tono dramático.

Cuando se rumora que Rosal y Matilde Domínguez quieren integrar a Covarrubias a sus empeños como en su momento Isabel García Luna prometió abonarle una pensión, muere de pulmonía el 22 de junio de 1850. No por esperada su desaparición física es menos sentida aunque al día siguiente solo un reducido grupo de amigos "verdaderos" lo acompaña al cementerio. ¿Está José Robreño a su lado y le cierra los ojos? ¿Quiénes aparte de Millán son esos amigos fieles? Se anuncia la venta de su biografía.

La Gaceta de La Habana publica el martes 25 de junio:

> Entierro. En la tarde del domingo ha sido sepultado en una de las bóvedas del cementerio general, el cadáver del decano de nuestro teatro nacional don Francisco Covarrubias, actor apreciable que ha consagrado sus servicios al público desde sus primeros años y cuyos talentos han sido acogidos siempre con entusiasmo por todas las clases de la sociedad y particularmente por el bello sexo quien nunca dejó de admirarlo dispensándole protección. El anciano Covarrubias, al bajar al sepulcro, deja un vacío en el corazón de sus innumerables amigos quienes no solo contribuyeron con todo lo necesario para su asistencia, sino que costearon su funeral y entierro: corona de laurel que sus repetidos triunfos dramáticos le conquistaron. Durante su larga y penosa enfermedad, y en medio de sus dolores conservó aquella resignación que es propia de las almas que confían y esperan en la misericordia.—Descanse en paz.

El 26 se publica su obituario, reproducido el 10 de agosto en *El Heraldo* de Madrid y empiezan las discusiones en torno a los actos de recordación.[107]

> El 24 de junio último falleció en La Habana a la edad de setenta y cinco años el actor cómico don Francisco Covarrubias. Era el decano de los actores dramáticos de Cuba y un sobresaliente entre los nacidos en aquella isla. A él se debieron en los primeros tiempos

---

[107] *El Heraldo*. Madrid. 10 de agosto de 1850. p. 3.

del teatro en La Habana grandes esfuerzos por elevarlo, en los cuales fue muy feliz algunas veces. Hizo su primera salida en el antiguo teatrillo del barrio de Jesús María, de buena memoria respecto a aquellos tiempos en que nadie soñaría que antes de medio siglo habían de tener los cubanos un coliseo como el de Tacón. Distinguióse Covarrubias como actor jocoso, único género dramático a que se dedicó y en el cual logró muchos y justos triunfos por espacio de más de cincuenta y seis años. Era tan estimado del público habanero, que aún en sus últimos años, a pesar de su larga y afanosa vida, y del abatimiento que debía infundir en su ánimo la situación desvalida en que se hallaba, cuando se anunciaba su nombre en cualquier función casi siempre se lograba una entrada numerosa. Fue bachiller en derecho, artista estudioso y dotado de una gracia inimitable, versificaba con agudeza, y compuso algunos ensayos dramáticos que, con prudencia digna de imitarse, nunca quiso dar a la luz.
Dicen los periódicos de La Habana que su entierro fue pobre, pero que le acompañaron algunos amigos verdaderos.

Finalmente, comunica Rosaín, sus restos reposan en las bóvedas de los Escribanos. Mientras los periódicos informan del interés por organizar un beneficio, el 11 de julio, el único teatro disponible para su homenaje es el teatro provisional de la calle Reina y Escobar porque el Circo ha cerrado para reparaciones mayores. El localista se pregunta.

¿parece bien que [...] la escena más humilde de La Habana, sea el único que abra sus puertas en un caso tan señalado? No somos nosotros de los que veían en Covarrubias un gran genio o un consumado actor; pero lo hemos considerado siempre como un hombre de no escaso talento a quien debemos muchos esfuerzos por fomentar el gusto hacia el teatro nacional en esta tierra; lo hemos mirado como el fundador del mismo teatro y como el primero y más superior actor cubano; y además conocemos las simpatías que este público le profesaba [...] Sería satisfactorio que se honrase debidamente su memoria. [108]

Se solicita aclarar quién es el editor de su biografía. En diciembre Millán termina la suya, publicada por El Iris. El 26 de julio se anuncia un posible programa para su beneficio con *El disfraz venturoso*, *El hombre de la culebra* y *La vieja y las dos calaveras*, pero no hay más noticias.

Cinco años después, el 24 de julio, *La Gaceta de La Habana* anuncia el beneficio del director de orquesta Salvador Palomino con una comedia inédita de Covarrubias en dos actos, cuyo manuscrito se halló entre sus papeles: *La chimenea encantada*. El cronista se congratula, está probada "su fecunda imaginación en materia chistosa". Se representaría el 29 junto a una fantasía de Pablo Mierteni con el *saxófono* Julián Reinó y la trompa de Tabela, pero cuando llega el día anunciado, se suspende sin más "por causas justas" y se promete informar de la nueva fecha "cuando se salven los inconvenientes". Otro misterio en la vida del caricato. ¿Se encontró un baúl con sus manuscritos? ¿Una obra de magia? Covarrubias no escribió comedias, pero de encontrarse *Los apuros de un gracioso o Comedia de repente*, si es que fue escrita, tenía tres actos. ¿Es una idea del cómico reelaborada por Palomino y luego desechada? ¿Alguien interviene para impedir su estreno? Si obró con *prudencia digna de imitarse* al no imprimir sus piezas, quizás hubo un dogmático albacea a cargo de su legado. Deja una viuda desconsolada que no heredó "otros bienes, salvo el grato recuerdo de una unión de que jamás tuvo motivos de arrepentirse". ¿Quién encontró su obra póstuma?

[108] *Diario de la Marina*. 11 de julio de 1850.

Una vida dedicada a la invención deja múltiples vacíos. Calcagno no lo vio actuar, pero escribe: "su genio se hizo brillar al lado de los primeros actores que han visitado nuestra escena [...] educados en mejor escuela, [pero que] no por eso lo deslucieron ni le arrebataron un átomo del favor del público: su biografía es la historia de nuestros teatros". A finales de los cuarenta del siglo XIX, es el decano, el sobresaliente, el gracioso incomparable. Bachiller lo considera el "primero y casi único actor de carácter jocoso desde el año de 1800 en los teatros de esta ciudad." El «gracioso absoluto», autor de una celebrada décima, escrita en su ocaso, cuando pensaba que en otro circo concluía su carrera. Del circo-teatro del Campo de Marte, en las afueras de las murallas, con sus tablas podridas, al Teatro del Circo inaugurado en 1847. Pero no fue allí su última función. Su trayectoria empieza en un circo pero no termina en otro, sino en Cárdenas, junto a Manuel Argente, cuando anticipó que su buque se iba a pique con la dignidad del figurón y la risa amarga del gracioso.

Décimas y sueltos de Covarrubias

Décimas a Adela Robreño

Tú has de ser, niña, algún día,
sin que la envidia lo obstruya,
honor de la patria tuya,
que es la amada patria mía.

Y el pueblo que en su alegría
ve ese genio tan temprano,
dice con orgullo ufano
Al escuchar tus loores,
esta es una de las flores
que brota del suelo cubano

Pero si a la perfección
quieres llegar de tu arte
procura siempre apartarte
de toda exageración.
Y viendo que en conclusión
la dramática belleza
es imitar con destreza
a la misma realidad
Ten por guía la verdad:
por maestro la naturaleza.
Siendo la verdad tu guía
sigue su senda inmortal,
y del teatro nacional
Tú serás idolatría.
Tanto que la fama un día
dirá con su trompa ufana,

esa artista soberana
que sobre todos hoy brilla,
hija es de la grande Antilla,
es una artista cubana.
Si Cuba hasta aquí con gloria
cuenta hijos esclarecidos
con méritos distinguidos
Que eternizan su memoria.
Cuando más tarde la historia
haga un recuerdo halagüeño
del número no pequeño
de hijos de insignes renombres,
Entre tan ilustres nombres
Se leerá
Adela Robreño.[109]

---

[109] Adela Robreño, nacida en Trinidad en 1840, hija de Francisco Robreño y Carlota Armenta, llegó a ser la primera actriz de Cuba y una figura continental que actuó en México, Venezuela, Colombia y Costa Rica. *El Liceo de La Habana* no. 10. 14 de marzo de 1858. p. 79-80.

Un suelto de Francisco Covarrubias

Teatro del Diorama

Anunciado mi beneficio varias veces en la anterior temporada, y no habiendo las excesivas lluvias permitido su representación, quedó por necesidad postergado para la presente, cuya causa me ha proporcionado la ventaja de mejorar mi ofrenda; pues en lugar de la *Escuela de las Mugeres* [*sic*] que allí ofrecí, pieza verdaderamente de indisputable mérito pero que carecía de la recomendable circunstancia de nueva por haberse ejecutado en diferentes temporadas, he sustituido otra para el lunes seis del corriente, que llevando por objeto, lo mismo que en aquella dar una útil y agradable lección al bello sexo, reúne al mérito más relevante y verdadero el apreciable prestigio de la novedad; tal es el interesante y chistosísimo drama en tres actos que doña Rosa Peluffo acaba de traer de Madrid como uno de los más escogidos entre todos los que últimamente se han dado a luz en aquella corte y que habiendo tenido la bondad de franqueármelo para este objeto formará la principal parte del espectáculo que tengo el honor de ofrecer para ese día.

Su título es:

Cuidado con las novelas o aviso a las mujeres

Originalidad y gracia en los caracteres, contraste entre unos y otros, interés vivísimo en sus lances y chistes y sales cómicas sin número, son los elementos que forman esta graciosísima pieza. En seguida don Manuel García y yo cantaremos un gracioso dúo conocido por *El maestro y niño de escuela,* en que dicho García será el maestro y yo el niño, vestidos ambos con el traje análogo a la edad y carácter del papel. Por último, queriendo marcar mi primer beneficio en este teatro presentando a sus dignos espectadores una producción de mi escaso talento, como ofrenda de mi gratitud a las bondades con las que me han favorecido, he compuesto para este día un jocoso sainete, con que terminará la función titulado:

La carreta de las cañas

En el que Rosa Peluffo, no obstante, no estar en el círculo de sus obligaciones, deseosa de contribuir a su mejor éxito, se ha prestado a desempeñar el papel de una coqueta; mis demás compañeros animados todos de los mismos deseos se han encargado de los diferentes personajes que componen, quedando a mi cargo el papel de carretero.

Don Manuel Cocco, queriendo amenizar los intermedios complaciendo a muchos aficionados filarmónicos que han manifestado sus deseos de oír tocar en ellos piezas de música de las acreditadas óperas de Rossini, tocará con la orquesta que tiene a su dirección, las siguientes. –Se abrirá la escena con la abertura [sic] de *El engaño feliz,* entre el segundo y el tercer acto se tocará la cavatina *Cesó al fin la borrasca,* en la italiana, obligada a violín, acabada la comedia, tocará el coro y coplas de Pipo en *La urraca...,* obligada a violín, flauta y clarinete y antes de empezar el sainete se tocará el hermoso dúo de Arsaces y Semiramis en el primer acto, obligado a violín y clarinete.

Si mis esfuerzos y la eficaz cooperación de todos mis compañeros por complacer al ilustrado pueblo, a quien tengo el honor de servir, no han sido vanos y el todo de esta función llena sus deseos, quedarán satisfechos los de

Francisco Covarrubias

Primera
A las mujeres dedico
función tan amena y bella,
y a complacerlas en ella

todo mi cuidado aplico:
Esta verdad justifico,
sexo hermoso, sin cautela
pues si no te doy escuelas
te voy un AVISO a dar
que ha tener te ha de enseñar
cuidado con las novelas.

Segunda
En tan graciosa función
verás con chistes sobrados
los funestos resultados
de leerlas sin precaución:
El juicio y la reflexión,
si no arrepentirte anhelas,
ten siempre de centinelas
cuando a leerlas te acomodas
porque en las novelas todas
mucho riesgo hay si *no-velas*.

Tercera
Después como en agradar
mi deseo se desvela
El maestro y el niño de escuela
me oirás con García cantar:
El resto aquí voy a echar,
y lleno de admiración
al mirar mi ejecución,
mis volatas, mis gorjeos,
preguntarás sin rodeos

¿esta es madama Feron?

Cuarta
Para tan bella función
a todo el pueblo convoco
mas no han de entrar poco a poco
sino siempre en pelotón:
Cada uno en la confusión
empujando a otro se meta,
entren a cual más aprieta,
a la bulla no haya coto;
pues si no hay mucho alboroto
me coge a mi la carreta.

Quinta
No me limito a esto solo;
pues con pruebas las más claras
de gratitud, en sus aras
mi escaso talento imploro:
Y aunque las ninfas de Apolo
se me muestran siempre hurañas,
un hijo de mis entrañas
te ofrezco para final
en la pieza original
La carreta de las cañas

Sexta
Al fin, aunque ves que pido
la general concurrencia,
con la mayor preferencia

á las mujeres convido;
Y aunque haya algún resentido,
mujeres, mujeres quiero,
que si ellas vienen primero
ningún hombre faltará;
pues a todas partes va
la soga tras del caldero.

Otras más frescas

Primera
Estos versos ya anunciados
cuando se ahogó la función,
me dirás, y con razón,
que son papeles mojados;
y previendo mis cuidados
que otros nuevos apetezcas,
en frases algo burlescas,
ya que tú a hacerlos me incitas,
te voy a contar mis cuitas
en otras décimas frescas.

Segunda
"Milagro" milagro, ¿es cierto?
si repiquen las campanas
porque a las quince semanas
ha resucitado un muerto:
No juzgues que es desacierto
cuando "milagro" repito;
pues con prodigio inaudito

en medio de un temporal
me ahogué por el Carnaval,
y ahora en junio resucito.

Tercera
A mi *Escuela* muy puntual
en la carreta iba yo,
cuando sobre mi cayó
el diluvio universal:
Con tesón el más fatal
ahogarme esta vez decreta;
pues cuando con ansia inquieta
escaparme quería en vano,
en un profundo pantano
se me atascó la carreta.

Cuarta
Con tal peligro, apurado
gritaba en bulla completa,
"que me hundo con la carreta",
"que voy á morir ahogado:"
Grité en vano; pues el hado
consumó en mí su fiereza,
y metido con dureza,
mientras el tiempo desagua,
tres meses bajo del agua
ahora saco la cabeza.

Quinta
Que esto es de milagro el sello

no negarán los nacidos,
porque tres meses seguidos,
ninguno aguanta el resuello;
Pero Apolo, el dios más bello,
me dijo en tal aflicción:
vive con la condición,
ya que á tu bien me consagro,
que á celebrar el milagro
venga el pueblo en procesión.

Sexta
De cumplirla sin falacia,
le hice la promesa expresa,
y si falto á mi promesa
no tendrá efecto la gracia;
Y así con toda eficacia,
pues mi riesgo consideras,
en continuadas hileras
acude á ver la función,
porque si no hay procesión,
entonces me ahogo de veras.

Séptima
Últimamente, publico
que no mudo pareceres,
y que siempre a las mujeres
esta función les dedico:
Mis esfuerzos multiplico
en hermosear la oblación,
y en justa retribución

de mi eficacia oportuna,
solo quiero que *ninguna*
me falte a la procesión.

Octava
Y pues te he manifestado
que es, sin venderte patrañas,
La carreta de las cañas
un hijo que a luz he dado:
Acogiéndolo al sagrado
de deidades peregrinas,
para evitarles más ruinas,
quiero por dicha completa,
que sean de mi hijo Carreta,
las mujeres las madrinas.

Novena
Con encargo tan sagrado,
las mujeres a porfía
deben venir este día
para conocer su ahijado:
En bullicio apresurado
todas pues sin excepción,
entren con tal confusión,
sin olvidar las propinas,
que solo con las madrinas
se llene la procesión.

  A las siete y media. Imprenta Fraternal. *El Curioso Americano.* Época 6, Año 5, Núm. 1. mayo-junio de 1912. pp. 21-24.

Décima citada [de memoria] por Domingo Rosaín

Ya oigo a los genios huraños
Decir «me hago el jovencito»
porque en la función que cito
te ofrezco mis quince años.
Dirán que estos son engaños,
porque tengo muchos más,
no los niego, mas verás,
puesto que en todo eres lince,
que aunque te ofrezco mis quince,
no me escondo los demás.[110]

Décima rescatada por Antonio Iraizoz

En tumulto muy deshecho
tal concurso entra al Tacón
en inmenso pelotón
llega la gente hasta el techo
Mas porque sea de provecho
esta entrada que se fragua
encargo una sola cosa
y es, que a función tan hermosa
nadie aquí venga de *guagua*.[111]

---

[110] Rosaín, Domingo. Ob. cit.
[111] Iraizoz y del Villar, Antonio. "La décima cubana". *Lecturas cubanas*. La Habana: Hermes, 1939. pp. 7-29.

Décimas rescatadas por Francisco González del Valle

Escribe el estudioso: "No parece que llegara a publicarse la colección de décimas de Covarrubias que deseaban Bachiller y *Arcadio;* pero nosotros podemos ofrecer al público de hoy [...] la que con el título de El *gracioso al público. Una función de Raveles* había compuesto en 1839, y las que le inspiró el famoso cuento fantástico de la época sobre "el hombre de la culebra", y que recitó, con el título de *Ya apareció la culebra,* en función a beneficio suyo celebrada el 20 de diciembre de 1841. Estas últimas se publicaron en el *Faro Industrial.*

El gracioso al público: una función de Raveles[112]

I
Si en tu bondad satisfecho
muchas veces te he pedido
que con tropel, bulla y ruido
llegue la gente hasta el techo,
esas frases las desecho
esta vez en mis carteles,
y que haya o no haya tropel,
sólo pido en conclusión,
que parezca mi función
una función de Raveles.
II
Con protectora alegría

---

[112] Funámbulos franceses que debutaron en la isla en 1839 para un éxito tal que un lleno en el teatro se llamó para siempre, función de *raveles.*

venga el pueblo tan puntual,
que una concurrencia igual
logre yo ver en mi día:
sus entradas y la mía
tengan tales semejanzas,
que diga alguno, sin chanzas
del concurso sorprendido:
¿Qué es esto? ¿pues qué?
¿han venido los Raveles de Matanzas?

III
Con la ilusión peligrosa
de un romántico delirio
en un continuo martirio
verás a una fiel esposa:
siempre en lucha vigorosa
entre el amor y el deber:
temes verla descender
de males en un abismo,
y la ves con heroísmo
resbalar y no caer.

IV
Y pues con sus contorsiones
de Raveles el encanto,
tanto al verso como al canto
le ha hecho dar sus resbalones;
si cual siempre te dispones
mi función a proteger,
también al mundo harás ver

que el teatro nacional
podrá en cualquier temporal
resbalar y no caer.

V

Sexo hermoso, si deseas
no pegar un resbalón,
huye la exageración
de románticas ideas:
Para esto es fuerza que veas,
mi función; pues si la ves,
hallarás que su interés,
su trama, enlace y acción
una muy útil lección
a las románticas es.

VI

Ella te enseña a tener
cuidado en no resbalar,
que es muy raro y singular
resbalar y no caer;
pues nos hace a todos ver
la experiencia repetida,
que de esta mísera vida
es tal la constitución,
que en pegando un resbalón,
es segura la caída.

VII

¡Qué portento al fin verán!...
¡Qué asombro!... Mas no te asustes,
pues sabes que han sido embustes
que el mundo acaba en San Juan;

mas si en el raro desmán
que tanto escándalo arranca,
en su prisión, nada franca,
por no haber andado listo
el aura blanca no has visto,
ven a ver el aura blanca.

VIII
Al fin ven, oh pueblo amado!
a honrarme con tal tesón,
que no se encuentre en Tacón
ni un palmo desocupado:
Todo esté tan apretado,
desde la cazuela al quicio,
que en el ruidoso bullicio
y continuados tropeles,
beneficio de Raveles
parezca mi beneficio.

Al público: "Ya apareció la culebra"

El pueblo todo en reunión
venga a gustar este día
la dulcísima ambrosía
de versos de Calderón;
pues en la hermosa función
que hoy te ofrezco, pueblo habano,
aquel genio sobrehumano
que tanto a la España honra,
El *pintor de su deshonra*
te presento por mi mano.

II
En pieza tan singular
vas a ver que en nuestra España,
sin buscarlo en tierra extraña,
hay modelos que imitar;
Mas no me he de limitar
a ella sola; porque hoy
tanto ambicionando estoy
darte placeres cabales,
que con mil chistosas sales
una culebra te doy.

III
La culebra pensé yo
darte en mi otro beneficio;
pero la espantó el bullicio,
y en su cueva se escondió:
Su fuga allí me causó
una conocida quiebra;
y así, su vuelta celebra
tanto mi afán este día
que exclamo con alegría:
¡ya apareció la culebra!

IV
La Habana sobresaltada,
por más que oírlo te asombre,
anduvo buscando el hombre
de la culebra enroscada:
Ella corrió desalada
tras el monstruoso animal;
y pues ver prodigio tal

el pueblo tanto celebra,
el hombre de la culebra
vas a ver en el final.

V

El vulgo muy apurado
saber quién era quería
el pobre hombre que tenía
el fiero majá enredado;
Mas si aunque anduvo afanado
ver tal hombre no alcanzó,
hoy saber quién es logró
en la pieza de su nombre;
pues allí verá que *El hombre
de la culebra* soy yo.

VI

A la Cañete, hechicera,
allí oirás con gratos sones
en las *Amonestaciones*,
dulce canción habanera;
Y aunque el estribillo era
¿quién me ha de querer a mí?
múdalo por hoy y di
cuando entres en pelotón:
"a ver tan bella función
¿quién no ha de venir aquí?"

VII

A honrarme en esta ocasión,
con sus gracias tan donosas,
vengan todas las hermosas
sin que haya una excepción:

De bellas esta reunión
tan completa y cabal sea,
que la que falte se vea
que no ha acudido al reclamo,
porque a las hermosas llamo,
y ella declara que es fea.

VIII
Y así para repeler
tacha de tan mal agüero,
venga el sexo todo entero
sin faltar ni una mujer:
al mundo así le hará ver,
que por gracia soberana
es en todo tan lozana
la hermosura mujeril,
que aun buscada con candil
no hay ni una fea en la Habana.

IX
Sexo fuerte, la hermosura
buscar en ti no es razón;
y así, acude de trompón
con cualquiera catadura;
hoy a todos asegura
mi anhelo dulces deseos
pues cumpliendo mis deseos
con festivos alborozos,
convido a los buenos mozos
y a mis tocayos los feos.

X

Y pues la fortuna avara
que el mejor cálculo quiebra
hizo que ya esta culebra
una vez se me enredara,
hoy el medio tú prepara
que desenredarme pueda,
tu protección nunca ceda,
pues si no acudes a oírme,
entonces sí que de firme
la culebra se me enreda.

Epílogo

Covarrubias se olvida pronto. El beneficio a su viuda se posterga de teatro en teatro con justificaciones y evasivas hasta que termina, si es que llega a celebrarse, como función de aficionados en el teatro Paraíso de Regla con la puesta de *El mendigo de Bruselas* interpretada por Cerveto de Cisneros, su esposo y un grupo de entusiastas. En julio de 1851, a un año de su muerte, José Agustín Millán repone antiguos sainetes y estrena nuevos como *Un californiano* con el gracioso Vicente González y la compañía de Robreño, esa que llegó a las costas de Trinidad por un naufragio y arraigó en la isla a los descendientes del catalán José Robreño i Tort, grabador, poeta y empedernido crítico social. Y aunque su hijo José, sobreviviente como sus hermanos Francisco y Daniel, escribía una historia del teatro cubano, ninguno de ellos deja un testimonio sobre ese contemporáneo que conocieron tanto. Su tataranieto Eduardo ha dicho que Covarrubias muere en la casa de su familia. Si traspasa a alguien su legado —de manera simbólica— es a una niña de nueve años, Adela Robreño, que actúa para él en Cárdenas. Debuta en Trinidad y Puerto Príncipe, imita los bailes de la Elssler, actúa en comedias de magia y de tramoya y llegará a ser la perla, la primera actriz cubana famosa fuera de sus fronteras.

Aunque Bachiller y Morales, Calcagno, Domingo Rosaín y Serafín Ramírez son imprescindibles, las fuentes primarias esconden probablemente datos sobre el cómico sepultados en los periódicos o en las genealogías. La colección de Enrique Hurtado de Mendoza registra un documento con un Antonio de Covarrubias y Barbosa, con más de setenta años en 1812 y varios hijos, entre ellos uno de nombre Francisco. ¿Es el padre del actor?

A estas alturas el historiador no puede esperar sorpresas, una revelación o hallar un manuscrito traspapelado. Intuitivo o perfeccionista,

Covarrubias no quiso imprimir sus obras. Actor, experimentó la condición efímera de la escena y escribió con arena o con agua obras "pintorescas" que aplaudieron los habaneros y sentaron las bases para el auge del bufo con su gracia y su mentira, pues en una sociedad amordazada por la censura, sin libertad de expresión, el público prefirió desde *El príncipe jardinero y fingido Cloridano*, de Santiago Pita, el disfraz y el ocultamiento para pensar sus verdades. Y Covarrubias les habló de costumbres o se burló de ellas, basó sus tramas en la zambumbia, las fiestas y los velorios, los periódicos locales y los extranjeros, las frecuentadas tertulias y las ferias, la actualidad, los hábitos y hasta los milagros, todo contado por el prisma del figurón ridículo, con licencia para vestirse como quería Virgilio Piñera, envuelto en una sábana y con una palangana en la cabeza, y en lugar de narrar triunfos, contó desgracias y descalabros. Quizás hasta soñó con un Baco desnudo como correspondía a Sebastián Vázquez y de paso con sus indianos, sus chuscos y los negritos de sus tonadillas. Y sus usureros léperos, influidos por Bretón, que abrieron paso a los de Joaquín Lorenzo Luaces.

Al colaborar con Millán, aporta a sus textos su experiencia de hombre de teatro y escritor. *La Semana Literaria* celebra al dramaturgo: "He oído hablar de ellas: dícese que piensa publicarla en dos tomos: el primero contendrá todos sus artículos sueltos y el segundo, sus trabajos dramáticos. Son demasiado conocidas las buenas dotes del joven Millán y le deseo mucha gloria de palabras y mucha más gloria de dinero." Efectivamente Millán publicó sus piezas en 1848 y 1857 y en ediciones aisladas. Mientras, Covarrubias olvida las suyas, no las representa, muere en la miseria y *La Semana Literaria* nunca escribe dos palabras sobre él. Si Millán custodia su legado, a lo mejor no quiere que las publique porque no son suficientemente buenas o porque le hacen sombra.

En los veinte, con el redescubrimiento cultural de la isla, Enrique Larrondo y Maza lo saca a la superficie, lo desempolva, quiere erigir un busto a su memoria cuando perpetuar en piedra era el sumo reconocimiento. La comparación entre el teatro bufo y la comedia del arte es un argumento sostenido por Salvador Salazar y Fernando Ortiz pero ajeno a Covarrubias que hizo un solo tipo: el figurón.

Entre los años 40 y 50 Arrom y Carpentier le hacen justicia, ya es tarde para hallar lo que buscaron antes afanosamente Trelles, Ortiz, Llaverías y Pérez Beato y a veces encontraron. Francisco Ichaso lo recuerda a propósito del busto de Arquímedes Pous erigido frente al Teatro Terry. Pero en la primera mitad del siglo XIX solo Buenaventura Pascual Ferrer apreció su talento y escribió sobre él acaso con rudeza. Sus contemporáneos callaron, la escena y las ocurrencias del caricato debieron parecer burdas chocarrerías, salidas de tono audaces pero toscas demasiado vulgares para los que se juntan en el Escauriza, bailan en las glorietas, acuden a la ópera, compran el *Moisés en Egipto* de la imprenta de Barcina y se suscriben a *El Almendares* o *El Colibrí*. "Mienten en escala delirante los *croniqueurs* y nadie como ellos, sin embargo, para hacernos entender con sus mentiras y con el aplastante poder de revelación que tiene la cursilería, la aspiración de una época," previene Calvert Casey en el *Lunes de Revolución* donde Matías Montes Huidobro presenta al actor que antes hubo que buscar con lupa.[113] De igual manera sus décimas no pueden ser juzgadas como literatura, sino como otra forma de actuar y un brazo extendido a esos espectadores atraídos por su gracia y su duende.

En 1959, Fermín Borges, un casi desconocido autor, publica un Manifiesto en tres partes en el periódico *Revolución*.

Esa noche de 1810 no fue una noche como las otras, pues todos los espectadores, comediantes y tramoyistas, y las paredes de madera y el

---

[113] Casey, Calvert. "Hacia una comprensión total del XIX". *Lunes de Revolución* 84, 28 de noviembre de 1960. pp. 36-37.

viejo toldo que hacía de techo del teatro, fueron testigos del milagro que se había realizado en la escena; su cómico favorito, el cubanísimo Francisco Covarrubias, impulsado por una legítima y poderosa necesidad de expresión, había adaptado aquel sainete español a nuestro ambiente cubano. Había nacido así la primera expresión nacional de nuestro teatro. Covarrubias se convertía en Padre del Teatro Cubano. Había sido creado nuestro "teatro bufo". Nuestra Comedia del Arte.[114]

Aunque el Principal está en pleno funcionamiento y es un teatro en regla y no se cubre con un toldo, intenta recuperar a Covarrubias. A partir de 1960 Montes Huidobro completa el acercamiento. [115] Jorge Antonio González y Edwin Teurbe Tolón le dedican un capítulo de su documentado libro y en 1960, sin terminar, se inaugura una sala del Teatro Nacional con su apellido porque el de Avellaneda se reserva para la mayor. A más de un siglo de su muerte, sin un nicho que lo recuerde o una lápida, da nombre a uno de los recintos más importantes de la capital y a unas brigadas que llevan el teatro fuera de los recintos. Yolanda Aguirre, no muy explícita, sitúa al caricato en las compañías españolas hasta la llegada de Andrés Prieto y los Pautret. A partir de Arrom, que hurgó en bibliotecas y archivos, no se puede repetir solo a Bachiller y Morales. Se desconocen las obras que muchos le escribieron desde 1811. Tampoco sabemos, pero lo indica su trayectoria, si está tan cerca de Andrés Prieto como de Manuel Argente y Rosa Peluffo, ya que si Prieto lo admiró, Argente lo arropa cuando más lo necesitaba.

---

[114] Borges, Fermín. "Manifiesto de un joven dramaturgo cubano". (I) *Revolución*. La Habana. sábado 17 de enero, 1959: 7.
[115] Montes Huidobro, Matías. "Nueva mirada hacia el pasado". *Lunes de Revolución* 84, 28 de nov. (1960) pp. 30-31. "Un actor se prepara". *Lunes de Revolución* no. 101. 3 de abril de 1961. pp. 13-14.

Desde que Rine Leal en su "selva" ya no tan oscura, se acerca a su figura de una manera tan personal y triste, nadie ha intentado reinterpretar o comentar su increíble legado.

www.ingramcontent.com/pod-product-compliance
Lightning Source LLC
Chambersburg PA
CBHW051804040426
42446CB00007B/514